Quick Guide

Quick Guides liefern schnell erschließbares, kompaktes und umsetzungsorientiertes Wissen. Leser erhalten mit den Quick Guides verlässliche Fachinformationen, um mitreden, fundiert entscheiden und direkt handeln zu können.

Weitere Bände in der Reihe http://www.springer.com/series/15709

Ursula Behrens

Quick Guide Effizientes Marketing für kleine und mittlere Unternehmen

Wie Sie Marketingstrategien planen, umsetzen und optimieren

2., ergänzte Auflage

Ursula Behrens
Behrens Best Marketing
Ettlingen, Deutschland

Quick Guide
ISBN 978-3-658-22830-9   ISBN 978-3-658-22831-6 (eBook)
https://doi.org/10.1007/978-3-658-22831-6

Die Deutsche Nationalbibliothek verzeichnet diese Publikation in der Deutschen Nationalbibliografie; detaillierte bibliografische Daten sind im Internet über http://dnb.d-nb.de abrufbar.

Springer Gabler
Die erste Auflage erschien unter dem Titel: Quick Guide Effizientes Marketing für kleine und mittlere Unternehmen – Planung, Umsetzung und Optimierung von Marketingstrategien im Mittelstand.
© Springer Fachmedien Wiesbaden GmbH, ein Teil von Springer Nature 2017, 2018
Das Werk einschließlich aller seiner Teile ist urheberrechtlich geschützt. Jede Verwertung, die nicht ausdrücklich vom Urheberrechtsgesetz zugelassen ist, bedarf der vorherigen Zustimmung des Verlags. Das gilt insbesondere für Vervielfältigungen, Bearbeitungen, Übersetzungen, Mikroverfilmungen und die Einspeicherung und Verarbeitung in elektronischen Systemen.
Die Wiedergabe von Gebrauchsnamen, Handelsnamen, Warenbezeichnungen usw. in diesem Werk berechtigt auch ohne besondere Kennzeichnung nicht zu der Annahme, dass solche Namen im Sinne der Warenzeichen- und Markenschutz-Gesetzgebung als frei zu betrachten wären und daher von jedermann benutzt werden dürften.
Der Verlag, die Autoren und die Herausgeber gehen davon aus, dass die Angaben und Informationen in diesem Werk zum Zeitpunkt der Veröffentlichung vollständig und korrekt sind. Weder der Verlag noch die Autoren oder die Herausgeber übernehmen, ausdrücklich oder implizit, Gewähr für den Inhalt des Werkes, etwaige Fehler oder Äußerungen. Der Verlag bleibt im Hinblick auf geografische Zuordnungen und Gebietsbezeichnungen in veröffentlichten Karten und Institutionsadressen neutral.

Springer Gabler ist ein Imprint der eingetragenen Gesellschaft Springer Fachmedien Wiesbaden GmbH und ist ein Teil von Springer Nature
Die Anschrift der Gesellschaft ist: Abraham-Lincoln-Str. 46, 65189 Wiesbaden, Germany

Vorwort

Dieser Quick Guide beschreibt auf anschauliche, an der Praxis in kleinen und mittleren Unternehmen orientierte Art und Weise, dass auch in Zeiten von Social Media und Digitalisierung die Grundlagen aller Aktivitäten im Marketing nach wie vor dieselben sind wie zu Beginn aller Zeiten. Nur mit sorgfältig durchdachten, am Unternehmen und seiner Stellung im Markt orientierten Strategien und Konzepten, messbaren Zielen und treffsicheren Marketingmaßnahmen, die durch ein mit Kennzahlen gesteuertes Marketing-Controlling ausgewertet werden, ist ein nachhaltiges, am Markt ausgerichtetes Marketing möglich und erfolgreich. Denn:

> Wer den Hafen nicht kennt, in den er segeln will, für den ist kein Wind ein günstiger. Seneca, ca. 4 v.Chr.–65 n. Chr.

Die Inhalte dieses Buches verfolgen das Prinzip „aus der Praxis für die Praxis" und spiegeln meine langjährige Erfahrung in der Leitung von Marketing und Öffentlichkeitsarbeit im Mittelstand sowie meine mehrjährige Erfahrung in selbstständiger Tätigkeit als „externe Marketingabteilung" für kleinere Unternehmen wieder.

Dieser Leitfaden veranschaulicht in leicht verständlicher Art und Weise den Weg durch den Dschungel der Möglichkeiten im Marketing und zeigt auf, dass es überaus sinnvoll ist, sich dem Thema in gut strukturierter Vorgehensweise zu nähern und dem berühmten „roten Faden" zu folgen. Das Buch erhebt an keiner Stelle den Anspruch auf Vollständigkeit nach dem Motto: Besser geht immer, aber man muss es erst mal tun.

Meinen hoffentlich zahlreichen Leserinnen möchte ich sagen, dass ich sie immer vor Augen hatte, aber der besseren Lesbarkeit geschuldet im Zweifelsfall die maskuline Form gewählt habe.

Ettlingen Ursula Behrens
im August 2018

Inhaltsverzeichnis

1	**Der Marketingprozess**	1
1.1	Überblick	2
1.2	Aufgaben und Instrumente	3
	1.2.1 Analyse – Status quo ermitteln	3
	1.2.2 Zieldefinition – Das Ergebnis im Visier	4
	1.2.3 Strategie – Wohin der Weg führt	5
	1.2.4 Marketingplan/Marketing-Mix – Rahmen vorgeben	6
	1.2.5 Marketing-Controlling – Effizienz prüfen	7
1.3	Marketing – Alles nur Werbung? Oder: Was schlaue Firmen anders machen	8
	Literatur	9
2	**Zentrale Aufgaben des Marketings**	11
2.1	Das Marketinghaus – Die vier Säulen des Marketings	13
2.2	Die Säulen im Einzelnen	14
	2.2.1 Produkt	14
	2.2.2 Preis	15

		2.2.3	Distribution/Vertrieb	15
		2.2.4	Kommunikation	17
	2.3	Das Marketinghaus – Raum für viele Zimmer		18
3	**Analyse – In sich gehen zahlt sich aus**			**19**
	3.1	Eigene und fremde Stärken und Schwächen kennen		20
		3.1.1	SWOT-Analyse	20
		3.1.2	Portfolioanalyse	26
		3.1.3	Wettbewerbsanalyse	29
	Weiterführende Literatur			34
4	**Marketingziele**			**35**
	4.1	Das Ziel ist SMART		37
	4.2	Den zweiten Schritt nicht vor dem ersten machen		39
	4.3	Den Kunden fest im Visier – treffsichere Zielgruppenanalyse		41
	4.4	Dranbleiben ist das, was zählt		45
	Literatur			46
5	**Marketingstrategie**			**47**
	Literatur			50
6	**Marketingplanung**			**51**
	6.1	Rahmen und Grundregeln		52
	6.2	Marketingbudgets arbeiten lassen		54
	6.3	Marketingplan – Beispiele aus der Praxis für die Praxis		58
	6.4	Ausgewählte Aktivitäten in der Marketingkommunikation		62
		6.4.1	Pressearbeit/Anzeigenveröffentlichungen	62
		6.4.2	Internet	64
		6.4.3	Messen und Events	66
		6.4.4	Online-Marketing	70
	6.5	WOMIT erreicht man WAS?		73
	Literatur			73

7	**Marketing-Controlling**	75
	7.1 Womit beginnen?	76
	7.2 Ausgewählte wichtige Kennzahlen	77
	7.3 Am Ende sollte die Rechnung aufgehen	80
	Literatur	81

1
Der Marketingprozess

> **Was Sie aus diesem Kapitel mitnehmen**
> - Beim Marketing handelt es sich um einen geschlossenen Prozess – einen Regelkreis
> - Wo man mit der Optimierung beginnt, ist nicht wichtig – am Ende schließt sich der Kreis
> - Werbung und Marketing sind nicht dasselbe

Dieses Kapitel soll dem Leser vermitteln, dass es sich beim Thema Marketing um einen in sich geschlossenen Prozess handelt, der quasi als Regelkreis gesehen werden kann. Dabei ist es unwesentlich – und beides ist möglich – ob man die Analyse der Ist-Situation an den Anfang stellt oder das Controlling der bis dato durchgeführten Maßnahmen. Alles baut aufeinander auf und am Ende schließt sich im optimalen Fall der Kreis. Zusätzlich wird ein erster Eindruck darüber vermittelt, dass Werbung und Marketing oft als Synonym gebraucht werden, aber in der Tat nicht dasselbe sind.

> Werbung ist ein Teil des Marketings. Marketing an sich ist weitaus mehr.

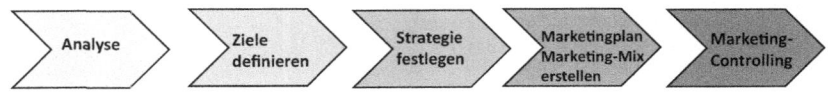

Abb. 1.1 Überblick Marketingprozess. (Quelle: Eigene Darstellung)

Sie können innerhalb Ihres individuellen Marketingprozesses (Abb. 1.1) mit der Analyse der Ist-Situation beginnen und das Marketing-Controlling an das Ende setzen oder mit dem Marketing-Controlling der bis dato durchgeführten Maßnahmen nach dem Prinzip „Was hat es gekostet – Was hat es gebracht?" beginnen. In beiden Fällen schaffen Sie sich einen fundierten Ausgangspunkt, von dem an beginnend Sie Ihr gesamtes operatives Marketing steuern können.

Indem Sie sich für Ihre Firma am gesamten Marketingprozess orientieren und diesen konsequent befolgen, halten Sie die Zügel in der Hand und steuern nicht nur das Marketing sondern durch die direkte Auswirkung auch das Unternehmen aktiv. Das Festhalten am Marketingprozess ermöglicht Ihnen ein systematisches Vorgehen. Die Aktivitäten werden strukturiert, planbar, zielorientiert und vor allem messbar und verfolgen als Kombination aus strategischem und operativem Vorgehen einen ganzheitlichen unternehmerischen Ansatz. Und wenn Sie zusätzlich das Kosten-/Nutzenverhältnis der geplanten und durchgeführten Aktionen prüfen (Plan-/Ist-Vergleich), halten Sie deren Effektivität und Effizienz nach.

1.1 Überblick

Die Praxis sieht jedoch oft anders aus. In vielen, insbesondere kleinen Unternehmen funktioniert Marketing nach dem Zufallsprinzip. Hier mal eine Anzeige, dort ein Facebook-Posting, eine Bandenwerbung am Fußballplatz, weil der Freund in dem Verein im Vorstand sitzt. Ohne Struktur, roten Faden oder Plan, rein nach dem Zufallsprinzip. Gibt es bereits eine für das Marketing verantwortliche Person in der Firma, hat diese oft mit Einwänden zu kämpfen, die da lauten können: „Dafür ist jetzt keine Zeit." ... „Wer soll das denn machen?"... „Erst muss das Produkt fertig sein."... „Die Entwicklung hat jetzt erst mal Vorrang."...

Aber dann ereignet sich möglicherweise etwas, das zum Nachdenken anregt: Die Zahlen stimmen nicht, das Produkt ist marktreif aber kein Mensch hat bis dato davon gehört, die Entwicklung der Firma verläuft nicht wie geplant, Image und/oder Bekanntheitsgrad sind doch nicht so toll wie gedacht, der Wettbewerb hat eine ähnliche Lösung am Markt positioniert – nur viel früher und jeder spricht bereits davon. Diese Liste ließe sich beliebig fortsetzen, aber immer steht dann die Frage im Raum: „So, und was machen wir jetzt?"

Dann werden Stimmen laut, die sagen: „Wir müssen jetzt endlich mehr Werbung machen.", „Wir brauchen dringend mal eine Pressemeldung.", „Der Wettbewerber macht das so – und verkauft damit ganz gut – warum können wir das nicht?" – mit dem Fazit: „WIR BRAUCHEN DRINGEND MEHR MARKETING!"

1.2 Aufgaben und Instrumente

Die folgenden Abschnitte geben einen kurzen Überblick über die einzelnen Aufgaben innerhalb des Marketingprozesses (Abb. 1.1) und darüber, mit welchen Instrumenten sie sich umsetzen lassen. Im weiteren Verlauf des Buches werden die Teilbereiche dann vertieft.

1.2.1 Analyse – Status quo ermitteln

Grundlage aller Entscheidungen im Marketing sind die genauen Kenntnisse der Unternehmens-, Markt- und Wettbewerbssituation. Was macht Ihr Unternehmen aus? Was sind die Stärken, Schwächen, Alleinstellungsmerkmale? Warum sollte der Kunde gerade zu Ihnen kommen (Reason Why) und welchen Nutzen (Benefits) erfährt er durch Ihr Angebot? Wie ist das Unternehmen am Markt positioniert und wer sind die Wettbewerber? Auch im Hinblick auf die Wettbewerber empfiehlt sich eine Analyse der genannten Faktoren.

Für die Analyse der eigenen und fremden Stärken und Schwächen bietet es sich an, eine SWOT-Analyse (**S**trengths [Stärken] **W**eaknesses [Schwächen] **O**pportunities [Chancen] **T**hreats [Bedrohungen]) durchzuführen. Aus deren Ergebnis lassen sich konkrete Handlungsempfehlungen ableiten und geeignete Maßnahmen zur Vermarktung festlegen. Noch genauer lässt sich die Positionierung des Unternehmens im Hinblick auf Wachstum und Marktanteile (ggf. auch gegenüber den Wettbewerbern) analysieren, wenn man mithilfe einer Portfolioanalyse die Produkte, Lösungen oder Dienstleistungen auf ihre Rentabilität prüft.

Details zu den genannten Analysen können Sie unter den ausführlicheren Kapiteln (vgl. Kap. 3) weiter hinten im Buch finden. Nehmen und geben Sie sich die Zeit für eine Analyse der genannten Faktoren und verschaffen Sie sich dadurch einen Vorsprung am Markt durch mehr Wissen!

1.2.2 Zieldefinition – Das Ergebnis im Visier

In der Zieldefinition kann nach operativen (Ergebnis-)Zielen und strategischen (Prozess-)Zielen unterschieden werden. Je genauer diese definiert sind, quantitativ z. B. Umsatz, Deckungsbeitrag oder Stückzahlen oder qualitativ, z. B. Bekanntheitsgrad und Image, desto besser kann später überprüft werden, ob sie mithilfe der in der Marketingplanung und im Marketing-Mix festgelegten Aktivitäten realisiert werden konnten (Marketing-Controlling). So wird Ihr Marketing effizient!

Unter operativen Zielen lässt sich z. B. auch die Neukundengewinnung einordnen. Legen Sie fest, bis wann wie viele Neukunden gewonnen werden sollen oder um wie viel Prozent die Anzahl der Neukunden pro Zeiteinheit steigen soll. Sie könnten auch definieren, ob und wenn ja wie viele bisherige „Nichtverwender" gewonnen werden sollen, d. h. Marktteilnehmer, die bis dato Mitbewerberprodukte im Einsatz hatten. Anhand der festgelegten Zahlen können Sie später prüfen, ob das Ziel erreicht wurde und welche der zur Erreichung des Ziels eingesetzten Maßnahmen erfolgreich waren.

Auch die Kundenbindung lässt sich in der Rubrik „operatives Ziel" einordnen. Nach dem Pareto-Prinzip machen Unternehmen mit 20 % ihrer A/B Kunden 80 % ihres Umsatzes. Und eine bekannte Tatsache ist, dass viel mehr Akquiseaufwand verbunden mit Zeit, Personal und Budget zu leisten ist, um einen neuen Kunden zu gewinnen statt einen alten Kunden zufrieden zu stellen und zu halten. (vgl. Wikipedia 2016).

Weitere operative Ziele können sein
- Die Marktdurchdringung (Penetration): Erhöhung von Marktanteilen oder die Markterschließung (Abschöpfung) – d. h. z. B. das Erschließen zusätzlicher räumlicher Absatzgebiete (mehr Filialen, andere geografische Ausweitung).
- Das Eindringen in andere Verwendungsbereiche für Ihre Produkte, Lösungen oder Dienstleistungen.

Ein Beispiel für ein strategisches Ziel kann folgendermaßen aussehen: Wir wollen die Qualität im Bereich unserer Produkte xyz mithilfe einer Kundenbefragung im nächsten Jahr steigern, sodass die unterjährigen Reklamationen unter 5 % fallen werden. Hierfür wird ein Budget in Höhe von € … zur Verfügung gestellt. Projektverantwortlich ist Frau XY. Sie berichtet quartalsweise direkt an die Geschäftsführung.

Detailliertere Informationen hierzu finden Sie in Kap. 4.

1.2.3 Strategie – Wohin der Weg führt

Die Marketingstrategie legt den Weg fest, wie die Ziele erreicht werden können. Nur eine auf die Ziele abgestimmte Strategie ermöglicht den erwünschten Erfolg. Umgesetzt wird die Strategie in langfristige (drei bis fünf Jahre) oder kurzfristige (ein bis zwei Jahre) globale Pläne, wie und wodurch die definierten Ziele erreicht werden können. Die Strategie muss unternehmensindividuell und zielgerichtet aufgestellt werden und setzt in jedem Fall auf den in der Analyse gewonnenen Erkenntnissen und in der Zieldefinition festgelegten Ergebnissen auf.

Wurde z. B. in der Zielfestlegung definiert, dass eine Imagekorrektur erforderlich ist, muss in der Strategie stehen, wie die Corporate Identity zu verändern ist (Corporate Identity: Schaffen und Erhalten einer nach innen und außen klaren, einheitlichen Unternehmensdarstellung – bezogen auf alle Bereiche). Die dafür erforderlichen Maßnahmen werden daraufhin im Marketingplan festgelegt.

1.2.4 Marketingplan/Marketing-Mix – Rahmen vorgeben

Planen Sie Ihre Marketingaktivitäten sorgfältig und erfassen Sie sie in einem Marketingplan. In diesem wird festgelegt, welche Maßnahmen innerhalb des gesamten Marketing-Mixes bestehend aus Produkt-, Preis-, Distributions- und Kommunikationspolitik wann mit welchem Budget umgesetzt werden sollen (vgl. Abb. 2.1 in Kap. 2). Aus dem Marketing-Mix bedient man sich der unterschiedlichen Formate und Maßnahmen (beantwortet die Frage „was erreiche ich wann womit?"). Mit dem Marketingplan entsteht ein Aktionsplan, in dem definiert wird, mit welchen Instrumenten wann und mit welchem Budget Aktionen durchzuführen sind. Gezielt und geplant, einem roten Faden folgend und nicht mal hier – mal da, infolge eines um sich greifenden Aktionismus. So haben Sie stets einen Überblick und können zu einem späteren Zeitpunkt dank des Marketing-Controllings in einem Abgleich Plan/Soll/Ist feststellen, wie effektiv und effizient die Maßnahmen gewirkt haben.

Unterscheiden Sie zwischen langfristiger (strategischer) und operativer Planung. Im ersten Fall werden langfristig gültige, auf die Firmenziele abgestimmte Marketingziele definiert. Daraus werden sich ergänzende und aufeinander abgestimmte Maßnahmen abgeleitet, die miteinander kombiniert werden sollten. Im zweiten Fall erfolgt die strategiekonforme Ausgestaltung der einzelnen Aktionsinstrumente. Die operative Planung erfolgt normalerweise jährlich und ist z. B. für den Bereich Kommunikation (vgl. Abb. 2.1 in Kap. 2) unterteilt in verschiedene Teilbereiche, wie Mediaplanung off- und online, Veranstaltungsplanung, (E-Mail)Mailingplan, Taktung der Postings in den Social Media usw. Nähere Ausführungen und ein Beispiel für einen Marketingplan finden Sie in Kapitel Kap. 6.

1.2.5 Marketing-Controlling – Effizienz prüfen

Mithilfe des Marketing-Controllings überwachen Sie die ergriffenen Maßnahmen und messen die Ergebnisse an den zuvor definierten Zielen. In kleineren Unternehmen übernimmt dies in der Regel der Inhaber und/oder Geschäftsführer, in mittleren Unternehmen der verantwortliche Marketing-Manager. Entgegen der allgemein vertretenen Meinung ist der Erfolg der meisten Marketingmaßnahmen messbar und sollte regelmäßig überprüft werden. Der Erfolg bezeichnet die Wirksamkeit (z. B. Welche Reichweite hatte eine Online-Maßnahme? Wie viele Interaktionen hat sie erreicht?). Danach erfolgt dann der Vergleich mit der Planung und ggf. eine Rückmeldung an die Geschäftsleitung und das Firmen-Controlling. Konnten die Maßnahmen den geplanten Erfolg erreichen, wird man sie in geeigneter Form wiederholen. Anderenfalls werden möglicherweise Gegenmaßnahmen ergriffen und eine erfolglose Kampagne nicht wiederholt oder sogar abgebrochen.

> Ich weiß genau, dass ungefähr die Hälfte unserer Marketingausgaben verschwendete Budgets sind. Ich weiß nur nicht, welche Henry Ford (1863–1947).

Und hier wären wir beim Thema Marketing und Nachhaltigkeit. Denn der weltbekannte Satz von Henry Ford hat dann nur noch bedingt Gültigkeit, wenn sich Ihr Marketing an den Grundsätzen Planen, Ziele setzen, Kennzahlen definieren und Erfolg messen orientiert.

1.3 Marketing – Alles nur Werbung? Oder: Was schlaue Firmen anders machen

Marketing ist in vielen Unternehmen zunächst reaktiv, geschieht spontan auf Zuruf, muss sofort umgesetzt werden, ohne dass der Sinn einer Maßnahme geprüft geschweige denn nach eventuell optimaleren Maßnahmen gesucht wird – oft aufgrund von Zeitmangel oder anders gesetzter Prioritäten. Die Maßnahmen sind gestückelt, unkoordiniert, bauen nicht aufeinander auf, greifen nicht ineinander und sind nicht aufeinander abgestimmt. Insofern bleiben sie meistens wirkungslos. Ohne Strategie, Analyse und ineinandergreifende Maßnahmen lassen Effektivität und Effizienz zu wünschen übrig. Am Ende wird dann oft alles infrage gestellt, nach dem Motto: „…bringt doch eh alles nichts und kostet nur Geld."

Firmen hingegen, die mit ihrem Marketing einen ganzheitlichen unternehmerischen Ansatz verfolgen, starten sofort mit dem Marketinggedanken und setzen sich unter anderem direkt mit den grundlegenden Fragen auseinander: Wer ist meine Zielgruppe? Welchen Bedarf hat sie? Wie und wo können wir unser Produkt anbieten? Und wie lassen sich gegebenenfalls die Ideen an Sponsoren und Investoren vermarkten? Diese Firmen sind letztendlich effizienter und erfolgreicher, weil sie wissen, dass das alles nicht auf Knopfdruck funktioniert, sondern gut geplant sein will. Und folglich ihre Zeit in die strategiekonforme Planung und Zielsetzung investieren, Budgets und Zeiten definieren, um somit jederzeit einen Überblick über den Erfolg und/oder Misserfolg ergriffener Maßnahmen zu haben.

> **Ihr Transfer in die Praxis**
> - Fragen Sie sich selber: Betrachten Sie Ihr Marketing aus einer ganzheitlichen unternehmerischen Perspektive?
> - Haben Sie das Gefühl, Ihr Marketing läuft systematisch und gut strukturiert ab?
> - Spielen Sie Ihren eigenen Marketingprozess durch: Können Sie einen Status quo ermitteln? Sind Ihre Marketingziele definiert? Haben Sie eine Strategie und einen Marketingplan? Überprüfen Sie Ihre Maßnahmen?
> - Sollten Sie eine oder mehrere dieser Fragen nur mit Nein beantworten können, müssen Sie dringend aktiv werden.

Literatur

Wikipedia. 2016. https://de.wikipedia.org/wiki/Paretoprinzip. Zugegriffen: 06. Juni 2018.

2

Zentrale Aufgaben des Marketings

> **Was Sie aus diesem Kapitel mitnehmen**
> - Was die vier Ps bedeuten und warum es wichtig ist, diese für das eigene Unternehmen zu kennen.
> - Wie Sie Ihre unternehmerischen Stärken und Schwächen bestimmen.

Dieses Kapitel beschäftigt sich mit dem operativen Marketing, d. h. der konkreten Umsetzungsmöglichkeit der definierten Marketingstrategie und -ziele eines Unternehmens. Dies bezeichnet man als den sogenannten Marketing-Mix. Ursprünglich aus dem Produktmarketing stammen die sogenannten 4 Ps, auf die sich die zentralen Aufgaben des Marketings stützen:

1. Product = Produktpolitik
2. Price = Preispolitik
3. Place = Distributionspolitik
4. Promotion = Kommunikationspolitik.

Diese wurden theoretisch für den Bereich Dienstleistungsmarketing erweitert um die 3 Ps Personal = Personalpolitik, Process = Prozesspolitik und Physical Facilities = Ausstattungspolitik.

Aufgrund meiner langjährigen Erfahrung im Bereich Marketing habe ich das Marketinghaus (Abb. 2.1), das die einzelnen Säulen optisch darstellt, derart umgestaltet, dass die Kommunikationspolitik die vierte und nicht die dritte Säule bildet, wie normalerweise gelehrt. Grund: Auch die für den Vertrieb gewählten Aktivitäten müssen sich in der Kommunikation des Unternehmens durch die zielgruppengerechte Ansprache sowohl in der Aussage als auch im gewählten Format wiederfinden. Die weiteren Ps finden nach meinem Verständnis automatisch Eingang in den gesamten Marketingprozess. Denn ohne motiviertes Personal, integrierte und durchgängige Prozesse sowie eine angemessene Ausstattung der Betriebsräume und Definition von Aktionsradien ist keine ansprechende Vermarktung von Produkten, Lösungen und Dienstleistungen möglich.

Frei nach dem Motto „Der Köder muss nicht dem Angler schmecken sondern dem Fisch" gab das vorherige Kapitel einen Überblick über die strategischen Aufgaben des Marketings: Wissen und Erkenntnisse

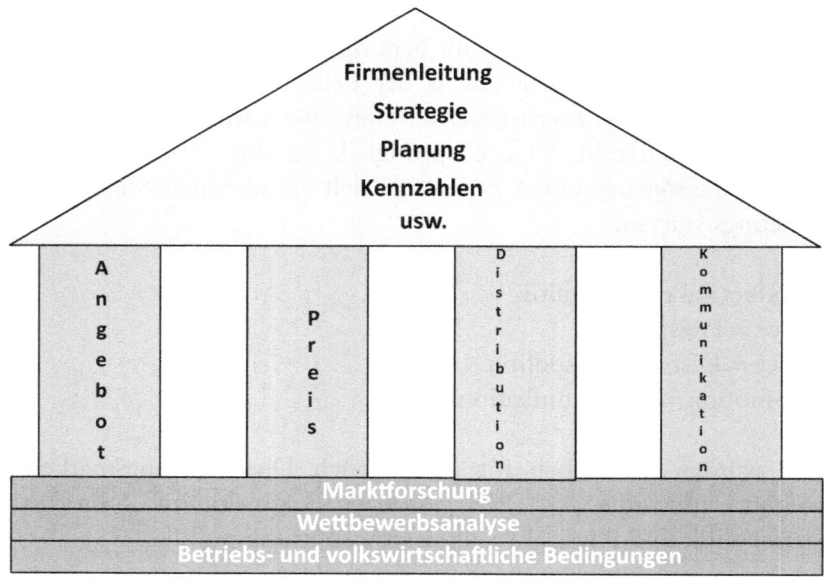

Abb. 2.1 Das Marketinghaus. (Quelle: Eigene Darstellung)

über Markt und Wettbewerber sammeln und analysieren, klare Ziele definieren, Aktionen ableiten und umsetzen, Ergebnisse messen und als wichtigstes Ziel, den Kunden verstehen und langfristig binden, indem seine Bedürfnisse zufriedengestellt werden. Die operativen Aufgaben des Marketings beschäftigen sich nun mit der konkreten Umsetzungsmöglichkeit der definierten Marketingstrategie und -ziele eines Unternehmens. Dies bezeichnet man als den sogenannten Marketing-Mix.

2.1 Das Marketinghaus – Die vier Säulen des Marketings

Bei einer stringenten und konsequenten Marketingplanung wählen Sie am besten sich ergänzende und aufeinander abgestimmte Maßnahmen. Im Idealfall sind die vier Säulen des Marketings, Produkt (Angebot), Preis, Distribution (Vertrieb) und Kommunikation optimal aufeinander abgestimmt und so kombiniert, dass die gesetzten Marketingziele erreicht werden.

Sie sind, bezogen auf Strategie, Planung, Kennzahlen usw., unter dem Dach der Firmenleitung organisiert und stehen auf dem Fundament von Marktforschung, Wettbewerbsanalyse sowie betriebs- und volkswirtschaftlichen Gegebenheiten. In den meisten Unternehmen stehen Budgets für die einzelnen Teilbereiche zur Verfügung. Spricht man landläufig vom Marketingbudget, ist das Budget gemeint, was für die Marketing-Kommunikation, die Marktforschung und Wettbewerbsanalyse ausgegeben wird. Diese vier tragenden Marketing-Elemente sind zur Vermarktung Ihrer Dienstleistung oder Produkte so zu kombinieren, dass die gesetzten Marketingziele erreicht werden.

Alle in den Säulen Produkt/Angebot, Preis, Distribution/Vertrieb behandelten Themen und Fragen werden mithilfe der vierten Säule, der Kommunikation, an den Markt vermittelt. Man kann sich nun darüber streiten, ob die Kommunikationspolitik ein unterstützendes oder zentrales Medium im Marketing-Mix ist. Ich wage aber zu behaupten, dass allen vier Säulen gleichermaßen tragende Rollen zukommen. Denn was taugt die beste Kommunikation, wenn das Angebot nicht passt, der Preis nicht in Ordnung ist oder der Vertrieb es nicht an den Markt bringt?

2.2 Die Säulen im Einzelnen

2.2.1 Produkt

Diese Säule umfasst alle Aktivitäten eines Unternehmens, die auf die Gestaltung einzelner Produkte, Lösungen oder Dienstleistungen, also das gesamte Angebotsspektrum, gerichtet sind. Hierzu gehören ggf. auch die Produktentwicklung, bei Lösungen z. B. die Beschreibung des Lösungsumfangs, bei Dienstleistungen die Beratungsqualität usw. Die Produktpolitik eines Unternehmens beschäftigt sich u. a. mit dem Herausarbeiten von Produktstärken, der Produkt(-weiter-)entwicklung, dem Aufbau einer Marke (Branding), der Sortimentsgestaltung, der Definition von Zusatznutzen, oder Äußerlichkeiten wie Verpackung (z. B. Größe, Layout, Haptik) – und antwortet u. a. auf folgende Fragen:

- Gibt es einen Bedarf?
- Wie groß ist der Bedarf?
- Wer braucht das, was wir anbieten?
- Wie kann das Angebot (noch besser) an den Bedürfnissen der Kunden ausgerichtet werden?
- Welchen konkreten Nutzen bietet das Angebot? (User benefit)
- Warum sollte der Kunde ausgerechnet unser Angebot wahrnehmen wollen (Reason why)
- Wie unterscheidet sich das Angebot von dem der Wettbewerber (z. B. Service, Verfügbarkeit, Alleinstellungsmerkmal)?
- Welchen Mehrwert hat unser Angebot gegenüber dem des Wettbewerbers?
- Welche speziellen Stärken hat das Produkt (imagebildend, Qualität, Einzigartigkeit...?)
- ...

2.2.2 Preis

Diese Säule beschäftigt sich u. a. mit der Preisfindung und -argumentation, Rabattpolitik, Aktionspreisgestaltung sowie Lieferungs- und Zahlungsbedingungen. Kalkulieren Sie einen Preis für Ihr Angebot, der aus betriebswirtschaftlicher Sicht für das Unternehmen in Ordnung ist und den gleichzeitig die Kunden akzeptieren. Beantwortet werden z. B. folgende Fragen:

- Welcher Preis ist marktfähig? Hierzu empfehlen sich nicht zuletzt auch Vergleiche mit Wettbewerbern.
- Welcher psychologische Preis passt zu meinen Kunden?
- Sind Preisschwellen sinnvoll, z. B. € 19,95/€ 190?
- Sollen Preise z. B. je nach Region, Saison oder Kundengruppe differenziert werden?
- Gibt es Skonti, Rabatte, Zahlungsfristen, Aktionspreise usw.?
- ...

2.2.3 Distribution/Vertrieb

Diese Säule beschäftigt sich mit der folgenden zentralen Frage:

> Auf welchem Weg erreicht das Angebot in ausreichender Menge zum vereinbarten Zeitpunkt und Preis und in der gewünschten Qualität die Zielkundengruppe?

Der Vertrieb nutzt hierzu in wesentlichen Aspekten die vierte Säule des Marketinghauses, die Kommunikation. Innerhalb der kommunikativen Marketingmaßnahmen ist es äußerst wichtig, auf diejenigen zu setzen, die sich an den vertrieblichen Zielen orientieren. Indem mit der Auswahl der passenden Marketingmaßnahmen konkrete vertriebliche Ziele umgesetzt und damit Umsatz und Gewinn erwirtschaftet werden, erfährt das Marketing eines Unternehmens steigende Effizienz. Denn eines der wichtigsten Unternehmensziele sollte ja sein, möglichst viel Gewinn zu erwirtschaften.

In der Säule Distribution/Vertrieb beschäftigt sich ein Unternehmen also mit der Analyse, Planung, Umsetzung und Kontrolle von Aktivitäten bezüglich der Distribution des Angebots. Selbstverständlich ist bei der Wahl der Vertriebskanäle und -strategien immer zu unterscheiden, ob es sich um den Vertrieb im Bereich B2C (Business-to-Consumer – Vertrieb an den Endkunden) oder um den Bereich B2B (Business-to-Business – Vertrieb an Geschäftskunden) handelt. In jedem Fall gilt es aber, sich mit folgenden Fragen auseinanderzusetzen:

- Welche Vertriebswege (Distributionskanäle) sind die richtigen oder wie sind mehrere zu kombinieren?
  - Online-Shop/Internet?
  - Stationär?
  - Einzelhandel/Großhandel?
  - Direktvertrieb?
  - Indirekter Vertrieb, z. B. über Partner?
  - Standortpolitik
  - ...

- Wie akquiriert der Vertrieb (Distributionsstrategie)?
  - Passen die Vertriebsmitarbeiter zur ausgewählten Zielgruppe, d. h. sind sie in der Lage, den richtigen Zugang herzustellen? (**P**ersonalpolitik)
  - Verfügen die Vertriebsmitarbeiter über die entsprechende Kompetenz, das Angebot an den Kunden zu bringen?
  - Wie steht es um das Kundenbeziehungsmanagement?
  - Ist der Vertriebsprozess (**P**rozesspolitik) durchgängig definiert und dokumentiert, damit sich auch neue Vertriebsmitarbeiter schnell einarbeiten und so bald wie möglich zur Umsatz-/Gewinnsteigerung beitragen können.
  - Gibt es Kennzahlen und sind diese allen bekannt?
  - ...

2.2.4 Kommunikation

Die vierte tragende Säule des gesamten Marketing-Mixes eines Unternehmens beschäftigt sich mit der Kommunikation(spolitik). Über diese Säule erfolgt der Transfer der Ergebnisse aus den anderen Säulen in den Markt. Hierzu lässt sich zwischen Kommunikationsstrategie und Kommunikationsmaßnahmen unterscheiden. Bei den Kommunikationsmaßnahmen ist auch der gesamte Bereich der Werbung angesiedelt. Eine zielgerichtete Ansprache Ihrer Kunden ist dann am erfolgreichsten, wenn die Kommunikation von Angebot, Preis und Vertrieb die Kunden nicht nur bei Ihrem Bedarf sondern auch bei ihren Bedürfnissen abholt und zufriedenstellend darauf eingeht. Die zentrale Fragestellung ist:

> **Was** kommuniziert das Unternehmen **wann** (Zeitpunkt der Kommunikation) **wie** (Kommunikationsweg) **womit** (Kommunikationsmittel)?

Diese Frage muss zu detaillierteren Anknüpfungspunkten und Antworten führen:

- In Bezug auf die Kommunikationsstrategie:
  - Hat das Unternehmen eine aussagefähige, passende Corporate Identity?
  - Sind alle Unterlagen und Firmenauftritte nach innen und außen durchgehend darauf abgestimmt?
  - Welche Kunden werden mit welchen Formaten und Maßnahmen adressiert? (z. B. Neukunden → breite Aufstellung, Kundenbindung → individuelle, persönliche Ansprache)
  - Über welche Kommunikationswege (Medien/Formate) erreicht das Unternehmen seine Kunden?
  - …

- In Bezug auf die Kommunikationswege:
  - Welches ist das Mittel der Wahl für die definierte Kundenzielgruppe? (u. a. Print, Online, Mund-zu-Mund/viral, Guerilla-Marketing, Empfehlungsmarketing usw.)
  - Welche Art der Öffentlichkeitsarbeit eignet sich am besten (Infoveranstaltungen, Messen, Pressearbeit, Social Media, Newsletter, Workshops usw.)
  - ...

2.3 Das Marketinghaus – Raum für viele Zimmer

Gemeinhin wird Marketing mit Werbung gleichgesetzt. Dabei wird dann oft vergessen, dass das Thema viel komplexer ist und der Bereich Werbung nur ein kleiner Teilbereich in der Säule „Kommunikation" des gesamten Marketing-Mixes ist. Achten Sie in Ihrem Unternehmen darauf, dass alle 4 Ps des Marketinghauses durch einen roten Faden verbunden sind, der sich durch alle Aktivitäten innerhalb dieser Säulen zieht. Idealerweise wird Ihr Marketing auf diese Art stringent und konsequent, und infolgedessen nachhaltig und effizient. Am besten wählen Sie sich ergänzende und aufeinander abgestimmte Maßnahmen. Im Idealfall sind die vier Säulen des Marketings, Produkt (Angebot), Preis, Distribution (Vertrieb) und Kommunikation optimal aufeinander abgestimmt und so kombiniert, dass die gesetzten Marketingziele (vgl. Abschn. 1.2.2 und Kap. 4) erreicht werden.

> **Ihr Transfer in die Praxis**
> - Analysieren Sie die Tragfähigkeit Ihrer vier Säulen. Wo gibt es Schwachstellen, die es auszumerzen gilt?
> - Sind Ihre vier Ps durch einen roten Faden miteinander verbunden?

3
Analyse – In sich gehen zahlt sich aus

> **Was Sie aus diesem Kapitel mitnehmen**
> - Wie genau Sie Ihre unternehmerischen Stärken und Schwächen herausfinden.
> - Wie Sie Ihr Portfolio, Ihre Marktanteile und Ihren Wettbewerb analysieren und durchleuchten.

Sollte am Ende aller Aktivitäten im Marketing die intensive Analyse der Effektivität und Effizienz der durchgeführten Maßnahmen (Marketing-Controlling), vgl. Abschn. 1.2.5 und Kap. 7 stehen, so empfiehlt es sich, an den Anfang z. B. die Analyse der eigenen/fremden Stärken und Schwächen sowie eine genaue Produkt-, Markt- und Wettbewerbsanalyse zu stellen. Denn die Grundlage aller Entscheidungen im Marketing sind die genauen Kenntnisse der Unternehmens- sowie Markt- und Wettbewerbssituation. Liegen diese vor, können Sie sich der Strategiefindung und Zieldefinition zuwenden. Die in den folgenden Unterkapiteln näher dargestellten Analysemöglichkeiten erheben nicht den Anspruch auf Vollständigkeit, wurden jedoch von mir in verschiedenen Kundenumfeldern, jeweils individuell zugeschnitten, erfolgreich angewendet.

3.1 Eigene und fremde Stärken und Schwächen kennen

Beantworten Sie sich die Frage, was Ihr Unternehmen ausmacht! Was sind die Stärken, Schwächen, Alleinstellungsmerkmale? Warum sollte der Kunde gerade zu Ihnen kommen (Reason Why) und welchen Nutzen (Benefit) erfährt er durch Ihr Angebot? Wie ist das Unternehmen am Markt positioniert und wer sind die Wettbewerber? Nutzen Sie dazu die SWOT-Analyse.

3.1.1 SWOT-Analyse

Für die Analyse der eigenen und fremden Stärken und Schwächen bietet es sich an, eine SWOT-Analyse (**S**trengths = Stärken, **W**eaknesses = Schwächen, **O**pportunities = Möglichkeiten, **T**hreats = Bedrohungen) durchzuführen. Aus deren Ergebnis lassen sich konkrete Handlungsempfehlungen ableiten und geeignete Maßnahmen zur Vermarktung festlegen. Indem Sie die Stärken und Schwächen Ihres Unternehmens ermitteln (wie in Abb. 3.1), können Sie die Chancen und Risiken erkennen, denen Sie gegenübergestellt sind und sich infolgedessen gegenüber dem Wettbewerb positionieren. D. h. Sie erhalten einen Überblick über Ihre Wettbewerbsvorteile und erfahren gleichzeitig, in welchen Bereichen Sie sich verbessern sollten.

Je nach Größe Ihres Unternehmens oder individueller Fragestellung steht es Ihnen frei, die SWOT-Analyse für das gesamte Unternehmen oder für einzelne Unternehmensbereiche durchzuführen.

Mögliche SWOT-Faktoren im Hinblick auf die externe Situation wie z. B.
- Stellung am Markt
  - Wettbewerber
  - Kunden
  - Lieferanten
  - Branchentendenzen
  - …

Stärken- / Schwächenanalyse Mischbetrieb in der Gastronomie

Stärken (Strengthes)	Möglichkeiten (Opportunities)
Die große, wunderschöne Terrasse in direkter Nachbarschaft von Zoo und Botanischem Garten (stellt im Wettbewerberumfeld ein Alleinstellungsmerkmal = USP dar) kann unterteilt werden in einen Bereich für das Tagesgeschäft und einen attraktiven Terrassenbereich (Lounge), auch für Veranstaltungen.	Der benachbarte Zoo bietet viele Möglichkeiten, aktiv Aktionen zu planen. Wird z.B. ein neues Tier mit entsprechender Attraktivität erwartet, kann dies Auswirkungen auf den Publikumsverkehr, insbesondere den Terrassenbetrieb haben.
Exquisite und zentrale Lage des Betriebs (Standort).	Überraschungsmoment nutzen, da das neue Küchenpotenzial (mehr Quantität und Qualität) nach Erweiterung beim Wettbewerb unbekannt ist.
Das Unternehmen ist in der Lage, den Bedarf unterschiedlicher Zielgruppen zu erfüllen und ist durch den Betrieb unterschiedlicher Sparten (Hotel, Restaurant, Café, Biergarten, Bar) vielseitig aufgestellt.	
Hervorragendes Kommunikationsvermögen der Unternehmensleitung	

Schwächen (Weaknesses)	Bedrohungen (Threats)
Service ist zu langsam, Personalsuche schwierig	Wie wirken sich Um-/Ausbau- und Renovierungsarbeiten auf den laufenden Geschäftsbetrieb aus? Umsatzrückgang?
Kapazität in der Küche reicht (noch) nicht aus	Aktuell schlechte Bewertungen in den Portalen (Altlast vom Vorpächter)
Bisher altbackenes Image	Bewertungsvorgehen der Gäste (gut/schlecht) nicht vorhersehbar
Der gesamte Geschäftsbetrieb fokussiert auf den Geschäftsführer	Personalplanung schwierig, weil Gästefrequenz schwer oder nicht vorhersehbar.

Abb. 3.1 SWOT-Analyse. (Quelle: Eigene Darstellung)

- Entwicklung des Marktes
  - Globalisierung
  - Demografische Entwicklung
  - Volkswirtschaftliche Entwicklung
  - …

Mögliche SWOT-Faktoren im Hinblick auf die interne Situation wie z. B.

- Gesellschaftsform
- Organisation
  - Struktur
  - Hierarchie

- Mitarbeiter
- …

> Zögern Sie nach der SWOT-Analyse nicht, auch sofortige Gegenmaßnahmen einzuleiten: Bauen Sie die identifizierten Stärken aus und die erkannten Schwächen zeitnah ab.

3.1.1.1 Erläuterung der zugrunde liegenden Fragen

Im Folgenden finden Sie zum besseren Verständnis der in Abb. 3.1 dargestellten Fakten einige der zugrunde liegenden Fragen, wie Sie sich auch auf Ihr eigenes Unternehmen übertragen und ausweiten lassen sowie weitere denkbare Faktoren, die es zu analysieren geben könnte.

Stärken
- Worin unterscheidet sich Ihr Unternehmen positiv von seinen Wettbewerbern?
- Was kann Ihr Unternehmen gut?
- Worin liegt die Kernkompetenz?
- Was ist ein Alleinstellungsmerkmal (Unique Selling Proposition = USP)?
- Wichtige Ressourcen und Potenziale des Unternehmens?
- Warum kauft der Kunde bei uns? (Reason why)
- Worin liegt der Kundennutzen? (Benefit)
- …

Möglichkeiten
- Welche Chancen ergeben sich für das Unternehmen durch externe Faktoren, z. B. Markt, Kunden, Gesetzgeber, Lifestyle, Zielgruppen, Umfeld…?
- Was könnten neue Strategien sein, die sich auf die Expansion und Weiterentwicklung des Geschäftes beziehen?
- Gibt es denkbare neue Geschäftsfelder oder Produkte/Lösungen?
- Gibt es Verbesserungsvorschläge?
- …

Schwächen
- Worin liegen die Nachteile des Unternehmens gegenüber dem Wettbewerb?
- Was macht das Unternehmen schlechter als andere?

- Was waren Fehler bzw. welche Probleme waren vermeidbar?
- Was hindert den Kunden am Kauf/an der Beauftragung unseres Unternehmens?
- Warum sind die Kunden ggf. unzufrieden?
- In welchen Bereichen ist das Unternehmen ggf. unproduktiv?
- …

Bedrohungen
- Welche Hindernisse und Probleme sind bereits absehbar?
- Was plant der Wettbewerb?
- Wie entwickeln sich die Marktanforderungen?
- Welche Trends ergeben sich in der Zukunft?
- Gibt es Bedrohungen, die unternehmenskritisch werden könnten?
- …

3.1.1.2 Was kann eine SWOT-Analyse leisten?

Eine SWOT-Analyse bietet Ihnen eine übersichtliche Darstellung einzelner oder komplexer Faktoren, die die Entwicklung Ihres Unternehmens beeinflussen. Durch Kombination der SWOTs lassen sich Strategien ableiten, in denen durch die einfache Verbindung und Gegenüberstellung die Entwicklung strategischer Möglichkeiten unterstützt wird.

SO-Strategie (Strengths und Opportunities)
Durch die Kombination der Stärken und Möglichkeiten können Sie die Chancen in Ihrem Unternehmensumfeld für die weitere positive Entwicklung, z. B. im Hinblick auf Expansion oder Positionierung in neuen Geschäftsfeldern nutzen. Sie nutzen die eigenen Stärken, um von den Chancen, die der Markt Ihnen bietet, zu profitieren. Durch die zeitnahe Umsetzung dieser Strategie lässt sich am schnellsten ein Erfolg erzielen.

ST-Strategie (Strengths und Threats)
In der Kombination aus Stärken und Bedrohungen können Sie sowohl interne als auch externe negative Einflussfaktoren mildern oder im günstigsten Fall komplett beseitigen. Setzen Sie hierfür Ihre eigenen Stärken gezielt ein.

WO-Strategie (Weaknesses und Opportunities)
Stellen Sie die Schwächen und Möglichkeiten einander gegenüber, dann können Sie die Möglichkeiten nutzen, um die Schwächen auszumerzen oder so gegensteuern, dass sie in Zukunft weniger einflussreich sind.

WT-Strategie (Weaknesses und Threats)
Durch die genaue Beleuchtung der Schwächen und Bedrohungen können Sie Strategien entwickeln, die interne und externe Gefahren abzubauen helfen. Dies ist die ungünstigste Kombination innerhalb einer SWOT-Analyse und deshalb sollte deren Betrachtung hohe Priorität eingeräumt werden.

3.1.1.3 Wie führen Sie eine SWOT-Analyse durch?

Zur Vorbereitung schaffen Sie ein ungestörtes, vom Alltagsbetrieb unbeeinflusstes Umfeld. Laden Sie die erforderlichen Teilnehmer rechtzeitig ein und informieren Sie diese im Vorfeld über den Grund (z. B. Anlass, Ausgangssituation, zu analysierende Faktoren), damit diese sich inhaltlich und mental vorbereiten können. Auch die mentale Vorbereitung ist für die Teilnehmer wichtig, insofern, als dass eventuell ein persönlich verantworteter Unternehmensbereich analysiert wird und es zu menschlichen Befindlichkeiten kommen kann. Benennen Sie einen Moderator. Bei komplexen Sachverhalten und entsprechender Firmengröße empfiehlt sich hierfür eventuell die Beauftragung einer externen Person.

Als Material benötigen Sie mehrere Pinnwände und ausreichend Moderationskarten und Markerstifte. Es empfiehlt sich die Verwendung unterschiedlicher Kartenformate und/oder Farben für die einzelnen Bereiche, z. B. grün für die Stärken, rot für die Bedrohungen etc. Werden die Karten später an die Pinnwand geheftet, ergibt sich direkt, je nach Farbüberlegenheit, ein erster optischer Aha-Effekt.

Zu Beginn des Meetings informieren Sie alle Anwesenden nochmals über den Grund der Analyse und stellen kurz dar, wozu die erhobenen Daten verwendet werden sollen und innerhalb welchen Zeitraumes es aufgrund der gewonnenen Erkenntnisse zu möglichen Veränderungen im Unternehmen kommen kann. Stellen Sie den Moderator vor und übergeben ihm von diesem Zeitpunkt an die Leitung. Diesem obliegen ab dann folgende Aufgaben:

- Je nach Anzahl der Teilnehmer das Bilden von Teams.
- Festlegen der Zeit, die für das Brainstorming eingeräumt wird.
- Ein Brainstorming zu den vorgestellten Fragestellungen moderieren und steuern (siehe auch Abschn. 3.1.1.1).
- Einsammeln der Karten und Klären der Inhalte, sodass sie für alle Teilnehmer gleichermaßen verständlich sind (ermöglicht die Beantwortung der eventuell aufkommenden Frage: „Wie ist denn das gemeint?").
- Einordnen und Anpinnen der Karten zu den einzelnen SWOTs.
- Ggf. bei komplexeren Analysen Gruppieren der Karten innerhalb der SWOTs nach Inhalten/Schwerpunkten und dadurch Definition inhaltlicher Schwerpunkte und Aktionsfelder.
- Ggf. Festlegen von Überschriften für die einzelnen Schwerpunkte und Aktionsfelder.
- Ausblick auf das weitere Vorgehen geben.

3.1.1.4 Wie es nach einer SWOT-Analyse weitergehen sollte

Je nach Unternehmensgröße beschäftigt sich die Geschäftsleitung allein oder im Führungsteam mit dem weiteren Vorgehen. Hierzu werden die gesammelten Daten ausgewertet und es wird für alle Teilbereiche ein Aktionsplan festgelegt. Aus den hinsichtlich der Stärken gewonnenen Erkenntnissen lassen sich z. B. Marketing- und Vertriebsaussagen generieren, die z. B. für Pressearbeit, Messeauftritte und die weitere Akquise von Neukunden oder die Bestandskundenpflege eingesetzt werden können. Im Beispiel aus Abb. 3.1 kann die „Stärke" der herrlichen Terrasse in Kombination mit der „Möglichkeit", die sich durch die direkte

Nachbarschaft zum Zoo ergibt zur weiteren Steigerung von Umsatz, Image und Bekanntheit genutzt werden. Zum Erreichen dieses Ziels kann das Hotel den Zoo direkt ansprechen und im Vorfeld abklären, wann mit „Nachwuchs" zu rechnen ist. Dieser Zeitpunkt kann dann z. B. mit entsprechender Ankündigung und darauf folgenden geplanten Events entsprechend vermarket werden und in die Personalplanung einbezogen werden. Dadurch wiederum können die „Schwächen" der Personalengpässe in Küche und Service im Vorfeld ausgemerzt werden, da eine entsprechende Personalsuche frühzeitig möglich ist.

Aus den definierten Schwächen sollte Verbesserungspotenzial definiert und in konkrete Maßnahmen umgewandelt werden. Das aus Abb. 3.1 hervorgehende „altbackene Image" kann durch eine flotte Marketing-Kampagne aufpoliert werden.

Die identifizierten Möglichkeiten dienen zur weiteren positiven Positionierung intern und extern, z. B. besserer Marktdurchdringung oder ausgeweiteter Markterschließung (extern) sowie der Optimierung interner Abläufe. Last but not least hilft die Erkenntnis der Bedrohungen im Vorfeld Schaden abzuwenden und Maßnahmen zum Gegensteuern zu identifizieren und infolge umzusetzen.

> **Mehr Klarheit gewinnen durch eine SWOT-Analyse**
> Eine SWOT-Analyse bietet Ihnen eine übersichtliche Darstellung einzelner oder komplexer Faktoren, die die Entwicklung Ihres Unternehmens beeinflussen. Durch die einfache Verbindung und Gegenüberstellung unterstützt sie die Entwicklung strategischer Möglichkeiten.
>
> Die SWOT-Analyse ist ein wirksames Instrument, um eigene Stärken und Schwächen zu identifizieren und um Chancen und Risiken zu erkennen. Werden die gewonnenen Ergebnisse und Erkenntnisse ausgewertet und in Maßnahmen umgesetzt, unterstützt sie die weitere Entwicklung des Unternehmens positiv.

3.1.2 Portfolioanalyse

Noch genauer lässt sich die Positionierung des Unternehmens im Hinblick auf Wachstum und Marktanteile (ggf. auch gegenüber den Wettbewerbern) analysieren, wenn man mithilfe einer Portfolioanalyse die Produkte, Lösungen und/oder Dienstleistungen (Portfolio) auf ihr Marktwachstum und die relativen Marktanteile (in Summe deren Rentabilität) prüft. Die im Folgenden dargestellte Portfolioanalyse gründet sich auf die der Boston Consulting Group (BCG) und deren Gründer Bruce D. Henderson (1915–1992). Sie entstand in den 1960er/1970er Jahren und ist bis heute eine der am weitesten verbreiteten Methoden der effizienten Steuerung eines Unternehmens im Hinblick auf sein Angebot bzw. Portfolio.

Damit ein Unternehmen erfolgreich ist, sollte sich das Portfolio aus Produkten mit unterschiedlichen Wachstumsraten und Marktanteilen zusammensetzen. Je nach Stand im Lebenszyklus (neu eingeführt oder alt?) und Stellung im Vergleich zu den Wettbewerbern (besser oder schlechter?) werden sie in vier Kategorien eingeteilt: Fragezeichen (Question Marks), Sterne (Stars), Arme Hunde (Poor Dogs) und Melkkühe (Cash Cows). Pro Produkt kann der Anteil am Umsatz, Gewinn und seine Zuwachsraten ermittelt werden und daraus lassen sich Strategien entwickeln, in welche Produkte weiter investiert werden soll und welche eventuell vom Markt abgezogen werden sollten.

> Die Portfolioanalyse nach der Boston Consulting Group ermöglicht die Bewertung strategisch relevanter Produkte, Lösungen und/oder Dienstleistungen auf Basis zukünftiger Gewinnchancen (Marktwachstum) und der gegenwärtigen Wettbewerbsposition (relativer Marktanteil).

Vorgehensweise
Ordnen Sie die Einheiten Ihres Unternehmensportfolios entsprechend Abb. 3.2 einem der vier Felder zu. Für jedes gibt es in Anlehnung an die Boston Consulting Group sogenannte „Normstrategien", wie damit zu verfahren ist. Zur Vorbereitung benötigen Sie den aktuellen und geplanten Umsatzanteil am Gesamtumsatz des Unternehmens, bei Produkten die Absatzzahlen „heute" und „morgen" und den Deckungsbeitrag. Weiterhin sollten Sie sich darüber im Klaren sein oder darüber Klarheit schaffen, welche Bedeutung der Bereich für die Firma hat. Hier können unterschiedliche Faktoren Einfluss haben wie z. B. Image oder Firmentradition. Beleuchten Sie auch die Risiken, die sich aus volkswirtschaftlichen (Stichwort „Was kommt, was

Abb. 3.2 Portfolioanalyse. (Quelle: Eigene Darstellung)

bleibt, was geht?") oder gesellschaftlichen Veränderungen (Stichwort „Wertewandel") ergeben können.

Fragezeichen (Question Marks) sind neue Produkte mit hohem Wachstumspotenzial aber (noch) wenigen Marktanteilen. Die Empfehlung, „selektiv" vorzugehen, bedeutet immer die individuelle Entscheidung von Inhaber oder Management, in die weitere Entwicklung zu investieren oder sich bei ungünstigen Prognosen von diesem Produkt zu trennen. Die Entscheidung lässt sich durch entsprechende Analysen von Bedarfszahlen (Marktpotenzial) und Wettbewerberangebot untermauern. Fällt sie auf Ausbau (Marktpenetration) und weitere Investition, erfordert dies meistens eine gute Liquidität, um geeignete Kommunikationsmaßnahmen durchführen zu können. Diese Liquidität kann durch Abschöpfung der „Melkkühe" gesichert sein.

Sterne (Stars) sind in einem Unternehmen Bereiche im Portfolio, für die es einen wachsenden Markt gibt und die dort einen hohen

Marktanteil haben. Hier lohnen sich Förderung und Investitionen auf jeden Fall, damit sie ihre herausragende Stellung behalten können. Im günstigen Fall wird aus einem *Stern* eine *Melkkuh*.

Melkkühe (Cash Cows) haben bereits einen hohen relativen Marktanteil, bewegen sich aber in einem nicht (mehr) wachsenden oder bereits stagnierenden Markt. Aus ihnen generiert das Unternehmen stabile Umsätze und Gewinne, die abgeschöpft und in andere Bereiche (z. B. Sterne) investiert werden können.

Hunde (Dogs) sind entweder schwache oder Auslaufprodukte in einem Unternehmen. Sie bewegen sich in einem gesättigten Markt (geringes oder kein Marktwachstum) und haben nur (noch) wenig relative Marktanteile. Solange der Deckungsbeitrag in Ordnung ist, können diese Produkte im Portfolio weitergeführt werden, andernfalls sind sie vom Markt zu nehmen und ggf. durch *Fragezeichen* zu ersetzen.

> **Portfolioanalyse als bewährtes Management-Werkzeug**
> Mithilfe der Portfolioanalyse verfügen Sie über ein Werkzeug, mit dem sich die einzelnen Bereiche innerhalb des Unternehmensportfolios übersichtlich und strategisch steuern lassen. Aufgrund der einheitlichen Bewertungskriterien wird eine Vergleichbarkeit ermöglicht. Weiterhin erhalten Sie Entscheidungshilfen für das weitere Vorgehen und haben das gesamte Unternehmen im Überblick. Die Portfolioanalyse eignet sich insbesondere für Firmen mit unterschiedlicher Angebotspalette.

3.1.3 Wettbewerbsanalyse

Unabhängig davon, in welchem Metier Ihre Firma angesiedelt ist, egal ob es sich um ein Unternehmen im B2B- oder B2C-Bereich, um ein produzierendes oder Dienstleistungsgewerbe handelt, ob Sie ein Architekturbüro oder eine Zahnarztpraxis führen: Wichtig für den dauerhaften Erfolg am Markt sind die Kenntnisse und das genaue Wissen darüber, wer Ihr Wettbewerb ist und was er macht. Dies ist ein ganz wesentlicher Erfolgsfaktor für die erfolgreiche Positionierung Ihrer Firma am Markt. Zudem helfen Ihnen die genauen Kenntnisse darüber, welche Marketingaktivitäten Ihr Wettbewerb umsetzt, auch dabei, Ihre eigenen Marketingaktivitäten gegenüber dem Wettbewerb zu bewerten, zu planen und zu budgetieren, was letztendlich der Effizienz Ihres Marketings zugute kommt.

Aber nicht nur für Ihr Marketing sind die Kenntnisse über Ihren Wettbewerb von äußerster Wichtigkeit, sondern ebenfalls für den Vertrieb in Ihrer Firma, unabhängig davon, wie groß die Vertriebsabteilung ist. Dem Vertrieb sollten zur Unterstützung seiner Akquise und Kundenansprache stets die aktuellsten Wettbewerbsdaten zur Verfügung stehen.

Bei Ihren Marketingentscheidungen sollten Sie auch immer die geplanten oder umgesetzten Aktivitäten Ihrer Wettbewerber im Auge haben. Inseriert ein Wettbewerber z. B. ständig in einem bestimmten Medium, bedeutet dies, dass er darauf wahrscheinlich gute Response erhält. So kann es sinnvoll für Ihre Firma sein, dieses Medium bei Ihrer Mediaplanung ebenfalls zu berücksichtigen. Ein anderes Beispiel: Stellt Ihr Wettbewerber mehrfach auf einer bestimmten Messe aus, spricht das dafür, dass diese Messe für ihn erfolgreich ist und sie es für Ihr Unternehmen ebenfalls sein kann.

> **Wichtig**
> Verschaffen Sie sich Wissen und Erkenntnisse über Markt und Wettbewerber, sammeln und analysieren Sie Informationen und stellen Sie diese im Unternehmen zur Verfügung. Denn Grundlage aller Marketing- und Vertriebsentscheidungen sind die genauen Kenntnisse der Unternehmens-, Markt- und Wettbewerbssituation.
>
> Je mehr Sie über die geplanten oder bereits umgesetzten Marketingaktivitäten Ihres Wettbewerbs wissen und diese bei Ihren eigenen Marketingentscheidungen im Auge haben und berücksichtigen, desto effizienter können Sie Ihr Marketing im Wettbewerbsumfeld gestalten und Sie verschaffen dem Vertrieb Wettbewerbsvorteile.

Woher nehmen und nicht stehlen?

Dank der vielseitigen Informationsmöglichkeiten ist es heute relativ einfach, wenn auch sehr zeitaufwendig, an die relevanten Informationen über den Wettbewerb zu gelangen, ohne hierfür „Betriebsspionage" betreiben zu müssen. Für diese Art der Informationsbeschaffung ist – lässt man die Informationen, die der Vertrieb oder Außendienst mitbringt – das sogenannte Deskresearch (auch Desk Research) das Mittel der Wahl. Hierunter versteht man die sogenannte Sekundärforschung (auch sekundäre Marktforschung), die sich zur Gewinnung von Marktinformationen an bereits vorhandenen und mit Wissen gefüllten Informationsquellen bedient.

Dies können im Einzelnen u. a. sein
- Internetseiten der Wettbewerber
- Öffentlichkeitsarbeit der Wettbewerber (Pressemitteilungen, Fachveröffentlichungen, Success Stories über erfolgreiche Kundenprojekte der Wettbewerber in den branchenrelevanten Fachmedien)
- Testveröffentlichungen bei Stiftung Warentest (legen Sie sich dort einen Online-Account zu)
- Allgemeine Informationsquellen (Gelbe Seiten, Marktplatz Mittelstand, Google Places, Wer liefert Was, Branchenverzeichnisse, …)
- Im stationären Einzelhandel Vor-Ort-Besuche
- Messen (Standbesuche)
- IHK-/HWK-Veröffentlichungen
- Branchenrelevante Verbände
- Bundesanzeiger (www.unternehmensregister.de)
- (Besuchs)Berichte des Vertriebs/Außendienstes
- …

Und so funktioniert es
Es gibt im Internet eine Vielzahl von Templates und beschriebenen Herangehensweisen. In der Praxis hat sich folgende Vorgehensweise bewährt: Recherchieren Sie zunächst alle relevanten Wettbewerber und legen Sie sich unter dem Namen jedes Wettbewerbers ein spezielles Verzeichnis im allgemeinen Verzeichnis „Wettbewerb" auf Ihrem Server an. Die Hauptwettbewerber fallen Ihnen wahrscheinlich spontan sofort ein. Recherchieren Sie aber auch andere Unternehmen z. B. nach Produkten und/oder Dienstleistungen, die in Ihrer Branche tätig sind. Sie werden überrascht sein, was sich dadurch noch finden lässt.

So kommen Sie eventuell auch sogenannten Hidden Champions auf die Spur. Untern Hidden Champions versteht man Unternehmen, die sehr erfolgreich am Markt agieren aber in der Öffentlichkeit – meistens aus firmenpolitischen Gründen – nur sehr wenig darüber verlauten lassen. Wenn Ihr Unternehmen überregional oder international aufgestellt ist, recherchieren Sie auch in diesen Märkten.

Erstellen Sie im Unterverzeichnis des jeweiligen Wettbewerbers ein Dossier, z. B. namens *Steckbrief*. In diesem Steckbrief tragen Sie alle Hardfacts zusammen, die Sie finden können, wie z. B. Unternehmensgröße (Anzahl Mitarbeiter, Umsatz), Standorte, Unternehmensform, alle recherchierbaren Kontaktdaten, Angaben über die Geschäftsführung, Umsatz, Unternehmensgeschichte (-entwicklung), Alleinstellungsmerkmale und besonderes Know-how (aus Sicht des Wettbewerbers) und andere Fakten, die Sie aus den Ihnen zur Verfügung stehenden Informationsquellen zusammentragen. Vermerken Sie in diesem Steckbrief auch alles, was Ihnen sonst noch auffällt (Produktankündigungen, welchen Eindruck macht der Internetauftritt, in welchen Portalen ist die Firma vertreten, wie ist die Außendarstellung Ihres Wettbewerbers etc.).

Recherchieren Sie diese Informationen in regelmäßigen Abständen nach, mindestens aber einmal jährlich und aktualisieren Sie den Steckbrief pro Wettbewerber entsprechend. So haben Sie ständig einen Überblick über den aktuellen Stand der Aktivitäten Ihrer Konkurrenten. Und Sie können auch feststellen, ob angekündigte Ereignisse (z. B. Produktankündigungen) tatsächlich stattfanden und wie sich die Entwicklung Ihres Wettbewerbers am Markt im Vergleich zu der Ihrer Firma gestaltet.

Als weiteren Schritt tragen Sie im jeweiligen Wettbewerberverzeichnis alle aus Ihrer Sicht relevanten Dinge zusammen, wie z. B. Produktbilder, -beschreibungen und -prospekte, Lösungsbeschreibungen, Jahresabschlussberichte, Presseveröffentlichungen, ggf. Besuchsberichte des Vertriebs/Außendienstes mit entsprechenden Kommentaren oder einen Link auf diese Berichte etc.

Hinterfragen Sie dabei, was für Ihr Unternehmen zu wissen wichtig ist, womit Ihrem Unternehmen durch den Wettbewerb geschadet werden kann, wobei Sie ggf. einen geglaubten Vorsprung am Markt haben und sich dieser bestätigt oder nicht.

Legen Sie als nächstes ein Excel-Sheet mit folgenden Rubriken im übergeordneten Verzeichnis *Wettbewerb* auf Ihrem Server an:

- **Firmenname** mit Link auf das entsprechende Wettbewerberverzeichnis
- **Ort/Land**
- **URL:** direkt auf die Internetseite des jeweiligen Wettbewerbers verlinkt
- **Bemerkungen** mit direktem Link auf den Steckbrief, ggf. das Firmenprofil, wichtige Bilder, Daten, Presseveröffentlichungen etc. Außerdem vermerken Sie, von wem ggf. der Tipp auf diesen Wettbewerber kam, und was auch immer für Sie relevant ist, auf Knopfdruck zur Verfügung zu haben um dies z. B. Geschäftsleitung oder Vertrieb präsentieren zu können.
- **Relevanz:** Hier bewerten Sie, wie wichtig Ihr Wettbewerb für Sie ist. Kennzeichnen Sie die Wettbewerber z. B. mit ein bis drei „X", wobei es sich bei „XXX" um Ihre Hauptwettbewerber handelt. Auch die Kategorisierung nach A, B, C funktioniert gut.
- **Sparte:** Diese kommt zum Tragen, wenn Ihr Wettbewerber ein breites Produktportfolio hat.
- Produkte/Lösungen
- **Messe:** Tragen Sie hier ein, auf welchen Messen Ihr Wettbewerber ausstellen wird.
- **URL der Messe** mit direktem Link
- **Ort/Land** in dem die Messe stattfindet
- **Datum**
- **Thema/Branche:** steht in Relation zur Sparte und den Produkten/Lösungen
- … (ergänzen Sie das Excel-Sheet ggf. um weitere für Ihre Firma wichtigen und zu analysierenden Punkte)

Legen Sie im Excel-Sheet über alle Spalten einen Filter, damit Sie für Ihre Analysen nach den unterschiedlichen Kriterien selektieren können und die gewünschten Antworten auf einen Blick zur Verfügung haben, z. B. was sind die Hauptwettbewerber von XXX, wer ist Wettbewerber für Produkt YYY, welche Wettbewerber sitzen an welchem Standort, besuchen die Messe ZZZ usw.

> Dem Wettbewerb auf den Fersen – „Wissen ist Macht": Dieses auf Francis Bacon zurückgehende Sprichwort verdeutlicht hervorragend, worum es bei der Wettbewerbsanalyse geht. Alle Kenntnisse über Ihre Konkurrenten verschaffen Ihnen im Zweifelsfall den entscheidenden Vorsprung am Markt oder lassen Sie gegebenenfalls den „einen" Auftrag mehr gewinnen. Zwar ist es sehr zeitaufwendig, immer am Ball zu bleiben. Aber die Kenntnisse und Informationen sind nur dann gut und gereichen zum Vorteil, wenn sie aktuell sind. Dann sind Sie Ihnen ein wertvolles Werkzeug in Management, Vertrieb und bei anstehenden Marketingentscheidungen.

Ihr Transfer in die Praxis
- Führen Sie nach allen Regeln der Kunst eine SWOT-Analyse durch und legen Sie fest, wie es danach weitergehen soll. Auch als Inhaber eines Einzelunternehmens können Sie die dargestellte Vorgehensweise auf Ihre Firma übertragen. Seien Sie dabei ehrlich mit sich selbst.
- Wie sieht Ihr Portfolio aus?
- Kennen Sie Ihre Wettbewerber und deren Portfolio, Stärken und Schwächen? Beginnen Sie spätestens jetzt mit der strukturierten Analyse.

Weiterführende Literatur

Wikipedia. USP/Alleinstellungsmerkmal. https://de.wikipedia.org/wiki/Alleinstellungsmerkmal. Zugegriffen: 06. Juni 2018.

4

Marketingziele

> **Was Sie aus diesem Kapitel mitnehmen**
> - Wie Sie Ihre Ziele definieren und daraus einen sinnvollen Marketingplan machen.
> - Wie die SMART-Regel Ihnen dabei helfen kann
> - Wie Sie herausfinden, was Ihre Zielgruppe will

Marketingziele sind mit den Unternehmenszielen abzustimmen und messbar in Umfang, Zeit und Kostenrahmen festzulegen. Das bedeutet, es wird definiert, welche konkreten Ergebnisse das Marketing bis zu welchem Zeitpunkt erreichen soll. Die Ziele werden danach in einen Marketingplan umgesetzt, in dem dann die Maßnahmen festgeschrieben werden, mit denen sie realisiert werden. Es werden also abhängig von den Zielen die dazu passenden Maßnahmen und Marketingaktivitäten zusammen mit den dafür vorgesehenen Budgets definiert. Der sinnvolle Einsatz der Mittel entscheidet darüber, welche Kunden bei Ihrem Unternehmen welche Leistungen nachfragen werden.

Je vollständiger und konkreter die Ziele bestimmt werden, desto genauer lässt sich im Anschluss die Effektivität und Effizienz der zur

Realisierung der Ziele gewählten Maßnahmen messen. Seneca definierte es folgendermaßen:

> Wer den Hafen nicht kennt, in den er segeln will, für den ist kein Wind ein günstiger (Seneca, ca. 4. v. Chr. – 65 n. Chr).

Grundlage und unterstützende Faktoren für eine treffsichere Zieldefinition sind oft die Ergebnisse von Stärken-/Schwächenanalysen, Wettbewerbs- und Marktanalysensowie die Beantwortung der Fragen: Welchen Nutzen hat mein Produkt/meine Lösung für den Kunden? Sind meine Leistungen und Kommunikationsmaßnahmen anders als die des Wettbewerbs? Was ist mein USP (Unique Selling Proposition – Alleinstellungsmerkmal), also das, was mein Unternehmen einmalig gegenüber anderen macht?

Hilfreich sind auch andere aussagekräftige Hintergrundinformationen, wie: Wo steht Ihre Firma im Markt? Wie muss sie sich weiterentwickeln? Wo liegen die Stärken und Schwächen? Sind die vorgesehenen Marketingaktivitäten passend zur anvisierten Kunden-/Zielgruppe?

Und nicht zuletzt: Wie empathisch und emotional können Sie Ihre Produkte oder Lösungen auf den Markt bringen? Verkaufen Sie einen Pullover oder das wunderbare, kuschelige Gefühl, das er beim Tragen beschert? Verkaufen Sie ein Datenanalysetool oder den herrlichen Wow-Effekt beim Anwender, wenn er seine Daten plötzlich schnell, korrekt und aussagefähig auf Knopfdruck erhält?

In der Regel ist die Zieldefinition ein Prozess, auf den unterschiedliche Bereiche des Unternehmens einwirken. Hierbei handelt es sich um interne Faktoren. Letztendlich können die Ziele in bestimmten Fällen jedoch auch von externen Faktoren bestimmt werden. Denken Sie hierbei z. B. an ein Zulieferunternehmen in der Automobilindustrie, dessen produzierte Stückzahlen (Ziel) von den Vorgaben des Automobilherstellers abhängen.

> Haben Sie keine Angst, dass das alles zu wissenschaftlich wird. Wichtigste Hilfsmittel waren und sind noch immer zielorientierter Pragmatismus und gesunder Menschenverstand.

4.1 Das Ziel ist SMART

Wie legen Sie nun die Marketingziele tatsächlich messbar in Umfang, Zeit und Kostenrahmen fest? Nehmen Sie dazu die SMART-Regel zu Hilfe.

Nach Abb. 4.1 sind exakte Zieldefinitionen **S**pezifisch – **M**essbar – **A**ttraktiv – **R**ealistisch – **T**erminiert (**S**pecific – **M**easurable – **A**ttractive – **R**ealistic – **T**erminated). Formulieren Sie Ihre Ziele dabei so konkret wie möglich.

Nicht:
„Wir machen dieses Jahr mehr mit Social Media."

Sondern:
„Dieses Jahr setzen wir im Bereich Social Media auf XING und Facebook und posten dort jeweils einmal pro Woche." → **S**PEZIFISCH

Nicht:
„Wir brauchen mehr Neukunden."

Marketingziele sind SMART
Spezifisch
Messbar
Attraktiv
Realistisch
Terminiert

Abb. 4.1 SMARTe Marketingziele. (Quelle: Eigene Darstellung)

Sondern:
„Wir akquirieren im ersten Halbjahr 2017 zwanzig Neukunden."
→ **MESSBAR**

Nicht:
„Unser Messestand soll schön werden."

Sondern:
„Im Messestand muss sich das Corporate Design unserer Firma wiederfinden." → **ATTRAKTIV**

Nicht:
„Das ist eine Sache von zwei Minuten, dann ist das geklärt."

Sondern:
„Zur Klärung dieser Frage nehmen wir uns im Meeting am xx.xx.xxxx eine halbe Stunde Zeit." → **REALISTISCH**

Nicht:
„Ihre Marketingplanung bekomme ich dann bei Gelegenheit von Ihnen."

Sondern:
„Den Marketingplan hätte ich gerne von Ihnen am xx.xx. xxxx" → **TERMINIERT**

Denn erinnern Sie sich: Je genauer die Ziele definiert sind (quantitativ z. B. Umsatz, Deckungsbeitrag oder Stückzahlen oder qualitativ, z. B. Bekanntheitsgrad, Image), desto besser kann überprüft werden, ob sie mithilfe der Marketingplanung und des Marketing-Mixes realisiert werden konnten (Marketing-Controlling) (vgl. Abschn. 1.2.5 und Kap. 7).

Mit einer exakten und konkreten Zielplanung verschaffen Sie sich folgende Vorteile
- Ihr Marketing kann im Tagesgeschäft nachhaltig umgesetzt werden. Sie verringern die Gefahr, sich im Tagesgeschäft zu verzetteln und die eigentlichen Vorhaben aus den Augen zu verlieren, geschweige denn, auf irgendwelche unreflektierten Schnellschüsse zu kommen.
- Sie bekommen schon einen Eindruck von dem Budget, das für die Maßnahmen erforderlich ist, die zur Umsetzung der Ziele ergriffen werden. Denn Messestände benötigen andere Budgets als eine Social-Media-Kampagne.
- Erst wenn Marketingziele vollständig und konkret definiert sind, ist es möglich, zu treffsicheren Marketingstrategien zu kommen und daraus geeignete Maßnahmen abzuleiten.

4.2 Den zweiten Schritt nicht vor dem ersten machen

Ein Beispiel aus der Praxis
Ein neuer Interessent bittet mich um Beratung und Unterstützung. Im Erstgespräch stellt sich heraus, dass die Richtung, in die die Vermarktung seiner Lösung gehen soll, vollkommen im Nebel liegt. Die Lösung ist gut, aber wie kann sie nachhaltig am Markt positioniert werden? „Soll ich jetzt zuerst das machen … oder das?" „Ich habe schon mal eine Webseite machen lassen und… Visitenkarten habe ich auch. … Was brauche ich noch?" „Wir haben es auch schon mal mit einer Anzeige versucht, hat sich aber nicht gelohnt." Und dies ist kein Einzelfall sondern ereignet sich so oder so ähnlich immer wieder.

Auf die Frage, an welche Zielgruppe er adressiert und was denn seine Zielsetzung sei, ob es z. B. um die Steigerung des Bekanntheitsgrades, bessere Sichtbarkeit am Markt und Imagegewinn, Erhöhung der Anzahl von Neukunden oder Kundenbindung geht, gibt es als Antwort ratlose Blicke. Und wie so oft wurde der zweite Schritt vor dem ersten getan – Geld in unkoordinierte Maßnahmen investiert, ohne einen am Ziel ausgerichteten roten Faden. So ist Marketing uneffektiv und ineffizient.

Bevor nun weitere untereinander unkoordinierte Aktionen geplant werden, gilt es zunächst einmal eine Struktur zu schaffen. Hierzu beleuchten wir das Umfeld und gewinnen Wissen und Erkenntnisse über die potenziellen Kunden meines Kunden sowie die Markt- und Wettbewerbersituation. In einem nächsten Schritt definieren wir die Ziele, die erreicht werden sollen. Dies geschieht nach der in Abschn. 4.1 beschriebenen SMART-Regel.

Erst danach leiten wir Maßnahmen und Aktionen ein. Diese sind speziell auf die Kunden meines Kunden zugeschnitten, damit sie von denen auch wahrgenommen werden. Denn wenn sich diese verstanden und bei ihrem Bedarf abgeholt fühlen, sind sie bereit, in die Lösung meines Kunden zu investieren.

Oftmals wird immer noch mit den Mitteln und Wegen kommuniziert, die einem selbst gefallen, die aber nicht auf die Zielgruppe zugeschnitten sind. Vergessen Sie niemals: Der Köder muss nicht dem Angler schmecken, sondern dem Fisch. Im schlechtesten Fall sehen die Ergebnisse aus, wie in Abb. 4.2 dargestellt.

Was der Kunde gebraucht hätte

Wie der Kunde es erklärte

Wie der Verkäufer es verstand

Wie der Ingenieur es entwarf

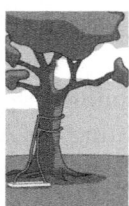
Wie die Produktion es herstellte

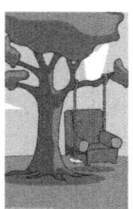
Wie die Werbung es anpries

Was der Kunde gebraucht hätte

Damit es nicht soweit kommt...

Abb. 4.2 Was der Kunde gebraucht hätte. (http://www.projectcartoon.com/, CafePress Inc)

> Kommunizieren Sie Ihre Botschaft anhand klarer Marketingziele, die speziell auf Ihre Zielgruppe zugeschnitten sind. Bleiben Sie immer nah an der Kernfrage: Was will und braucht der Kunde? Vermeiden Sie unkoordinierte und deshalb ineffiziente Einzelaktionen. Nur so werden Sie in dem für Sie relevanten Marktumfeld wahrgenommen und verstanden.

4.3 Den Kunden fest im Visier – treffsichere Zielgruppenanalyse

Grundsätzlich gilt es zu unterscheiden, ob Ihre Kunden aus dem Bereich B2B (Business-to-Business) oder B2C (Business-to-Consumer) kommen.

Im Bereich B2B sind Ihre Kunden Unternehmen, also Geschäftskunden. Diese wiederum können entweder ebenfalls Geschäftskunden, aber auch Konsumenten adressieren. Ihre Produkte, Lösungen und Dienstleistungen sind oft erklärungsbedürftig und zeichnen sich meistens durch einen langwierigen Verkaufszyklus aus. Um diesen so kurz wie möglich zu halten, ist eine treffsichere Kommunikation Ihrerseits notwendig, um Ihrem Kunden so schnell und gut wie möglich den Nutzen zu kommunizieren, den er hat, wenn er genau auf Ihr Unternehmen setzt.

Wie finden Sie nun die genau zu Ihrem Angebot passende Kunden(ziel)gruppe? Zur genauen Segmentierung können Sie sich unterschiedlicher Hilfsmittel bedienen. Grenzen Sie Ihre Zielgruppe z. B. mithilfe von SIC-Code (Standard Industrial Classification) oder dem europäischen NACE-Code (Nomenclature statistique des activités économiques dans la Communauté européenne) ein. Mithilfe beider Klassifizierungssysteme können Sie von der Hauptbranche bis in die kleinsten dazugehörenden Subbranchen verzweigen. Anschließend können Sie mit der Markus-Datenbank von Creditreform z. B. die Anzahl der Unternehmen, deren Größe, Marktanteil, Umsatzdaten etc., herausfinden, also Potenziale ermitteln. Daraus können Sie dann ableiten, ob es überhaupt lohnenswert und interessant ist, das jeweilige

Unternehmen als Kunde zu akquirieren und zu diesem Zweck in Marketing- und Vertriebsaktivitäten zu investieren.

Finden Sie weiterhin heraus, wie die Branche „tickt", in der Ihr Zielkunde tätig ist. Was sind die Besonderheiten? Welche Fachbegriffe gibt es? Welche gesetzlichen Anforderungen sind eventuell einzuhalten? Auch hier gilt: Wissen ist Macht und je besser Sie Ihren Zielkunden verstehen, desto besser fühlt er sich von Ihnen abgeholt.

Weitere Zahlen, Daten und Fakten erhalten Sie z. B. über:

- Branchenverbände (https://www.deutschland.de/de/topic/wirtschaft/globalisierung-welthandel/kammern-und-verbande)
- Bundesanzeiger (https://www.unternehmensregister.de/ureg/index.html?)
- Örtliche IHK und HWK
- MarktMeinungMensch (http://www.marktmeinungmensch.de/)
- Beratungsgesellschaften wie z. B. McKinsey, Boston Consulting Group, Accenture …
- Wirtschaftsprüfer wie z. B. Ernst & Young, KPMG, Deloitte …
- Genios-Datenbank (www.genios.de)
- Wer liefert was (www.wlw.de)
- marktstudien24.de (http://www.marktstudien24.de/)
- Markt-Studie.de (http://www.markt-studie.de/)
- …

Diese Aufstellung erhebt keinen Anspruch auf Vollständigkeit, gibt aber einen guten Überblick über die Möglichkeit, sich über die Kundenzielgruppe zu informieren. Die Angebote sind teils kostenlos, teils kostenpflichtig, teils werden Daten anderer Anbieter als Zusammenfassung (Sekundärforschung) angeboten.

Finden Sie auch heraus, wie Ihr Zielkunde *seine* Produkte, Lösungen oder Dienstleistungen vermarktet. Wie sind seine Marktzugänge? Wie sind die Vertriebskanäle? In welchen Fachzeitschriften ist er z. B. präsent und auf welchen Messen stellt er aus? Wie ist seine branchenspezifische Sprache? Je mehr Sie über Ihre Zielgruppe herausfinden, umso leichter wird es Ihnen später fallen, eine Zugangsstrategie und daraus abgeleitet die zielgruppenspezifische Ansprache zu finden.

Dies bietet den Vorteil, dass sich Ihr Kunde verstanden und bei seinem Bedarf und seinen Bedürfnissen abgeholt fühlt. Und das wiederum schafft die nötige Vertrauensbasis, damit er mit Ihnen ins Geschäft kommen wird – woraus sich dann möglicherweise eine lang andauernde Geschäftsbeziehung ergeben kann. Was letztendlich Ihre Marketingaktivitäten effizient gemacht haben wird (vgl. Abschn. 1.2.2).

Im Bereich B2C adressiert Ihr Unternehmen den Endkunden direkt. Hier sind die Entscheidungswege oft kürzer und die Entscheidungszyklen hochfrequenter. Denn B2C-Käufer haben oft einen spontan entstehenden Bedarf (Waschmaschine geht kaputt, Auto braucht ein Ersatzteil) bzw. Bedürfnisse, die akut oder kurzfristig zu befriedigen sind, wie z. B. Hunger oder ein aktueller Lifestyletrend. Wenn Ihr Unternehmen den B2C-Bereich adressiert, empfehle ich Ihnen, Ihre Zielgruppen mithilfe der SIGMA Milieus® der **SIGMA** Gesellschaft für internationale Marktforschung und Beratung mbH, Mannheim zu definieren. Die Zielgruppen-Einteilung erfolgt entlang der Dimensionen „soziale Lage" (Unter-, Mittel- oder Oberschicht) und „Grundorientierung" (grundlegende Wertorientierungen wie „Tradition", „Modernisierung/Individualisierung" und „Neuorientierung"). Auf diese Weise werden Gruppen gebildet, die sich in ihrer Lebensweise und ihren Alltagseinstellungen zu Arbeit, Familie, Freizeit oder Geld und Konsum unterscheiden. Danach unterteilt man in Deutschland heute in insgesamt zehn Milieus Abb. 4.3.

Definierten sich früher die Zielgruppen nach Alter, Geschlecht, Einkommen und sich gleichenden demografischen Merkmalen, weiß man heute, dass sich das Verhalten der Konsumenten damit erklären lässt, welche „Gewohnheiten, Umgebungsbedingungen vor allem aber: welche grundsätzlichen Einstellungen, Motivationen und Bedürfnisse das individuelle Verhalten prägen" (vgl. SIGMA 2016). Jedem dieser zehn Milieus sind nach SIGMA bestimmte Verhaltensmuster, Lebensgewohnheiten und Konsumverhaltensweisen zugeordnet. Zudem finden Sie zu jedem Milieu eine Angabe, wie hoch in Prozent und absolut der Anteil dieser Gruppe an der Bevölkerung ist. So können Sie sich auch direkt einen Eindruck über das zugrunde liegende Potenzial machen.

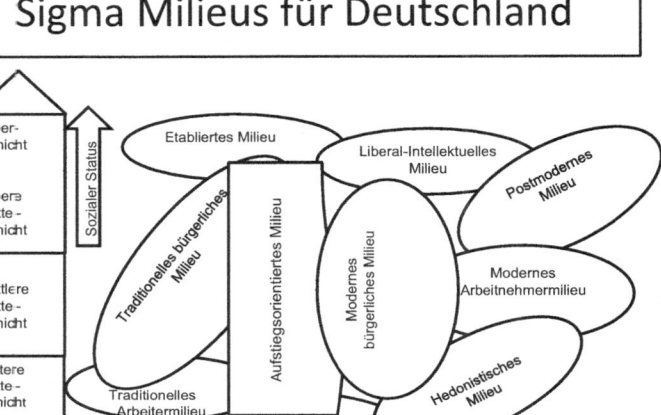

Abb. 4.3 Sigma Milieus. (Quelle: http://www.sigma-online.com)

Unabhängig davon, ob Sie im B2B- oder B2C-Geschäft unterwegs sind, gelten folgende Kriterien übergreifend und sind bei der Analyse immer in Betracht zu ziehen:

> **Kriterien für die Bestimmung von Zielgruppen**
> - **Bedarf:** Gibt es einen Bedarf an Produkt, Lösung oder Dienstleistung Ihres Unternehmens? Denn wo kein Bedarf ist, besteht auch kein Investitions-/Kaufinteresse. Wenn Bedarf da ist, wie groß ist dieser? Durch Beantworten dieser Frage haben Sie eines der Werkzeuge an der Hand, das Ihnen hilft, das mögliche Potenzial/Marktvolumen zu ermitteln. Wenn kein Bedarf vorhanden ist, prüfen Sie, ob dieser durch passende Kommunikation geweckt werden kann.
> - **Motiv:** Welche Motivation beeinflusst die Investitions-/Kaufentscheidung? Sind z. B. bei der Zielgruppe technisch veraltete Produkte im Einsatz? Gibt es Investitionsstaus? Plant der Gesetzgeber neue Regelungen, die Investitionen erfordern (B2B). Denken Sie z. B. daran, welche Auswirkungen die PLZ-Umstellung, der Jahrtausendwechsel oder die Einführung des Euro auf die IT-Industrie hatten. Im Bereich B2C wird das

Konsumverhalten z. B. durch Innovationen und sich ändernden Lifestyle und neue Trends beeinflusst.
- **Investitions-/Kaufverhalten:** Ist Ihre Zielgruppe eher zurückhaltend, konservativ, Innovationen gegenüber eher skeptisch? Oder ist sie aufgeschlossen, innovativ und investitionsbereit?
- **Frequenz:** Wie häufig werden Produkt, Lösung oder Dienstleistung nachgefragt? Für den B2B-Bereich gilt es dabei, das Datum der letzten Investitionsentscheidung zu berücksichtigen und die Kunden rechtzeitig anzusprechen, auch wenn es neue Versionen oder Angebote gibt. Im B2C-Bereich orientieren Sie sich z. B. an den Zyklen, die Ihre Kundschaft hat (nach wie vielen Jahren sind z. B. Hausgeräte, Sitzgruppen, Fahrräder etc. erneuerungsbedürftig?) In beiden Fällen hilft ein gut gepflegtes und auf dem aktuellen Stand gehaltenes CRM-System (CRM = Customer Relationship Management = Kundenbeziehungsmanagement) dabei, den Kunden z. B. in einem Mailing oder per Newsletter oder Telefonaktion zu informieren und auf einen anstehenden Wechsel aufmerksam zu machen.
- **Preissensitivität:** Welchen Preis ist die Zielgruppe bereit zu zahlen? Ist sie verhalten im Investieren? Soll das Produkt deshalb so günstig wie möglich und von geringer Qualität sein? Oder darf es auch der „Mercedes" sein?
- **Entscheider/Beeinflusser:** Finden Sie heraus, wer die Investitions-/Kaufentscheidung trifft und wer diese beeinflusst. Adressieren Sie Ihre Marketingbotschaft entsprechend in Inhalt und Form.

In allen Fällen gilt: Beobachten Sie die Marktentwicklung! Und bleiben Sie stetig dran! Denn im Zweifelsfall macht der das Rennen, der schneller ist.

4.4 Dranbleiben ist das, was zählt

Sinnvolle Marketingziele spielen eine zentrale Rolle für das entscheidungsorientierte Vorgehen innerhalb Ihres Unternehmens. Sie korrespondieren mit den Unternehmenszielen und sind die Grundlage für das weitere Vorgehen in Marketing und Vertrieb. Verlieren Sie ihre einmal definierten Marketingziele nicht aus den Augen! Erst, wenn klare Marketingziele für Ihre definierte Zielgruppe für einen bestimmten Zeitraum formuliert und vorgegeben sind, ist es sinnvoll, konkrete Handlungsempfehlungen in Form von Strategien und Marketingmaßnahmen auszusprechen.

Versetzen Sie sich immer in Ihren Kunden und holen ihn bei seinem Bedarf und seinen Bedürfnissen ab. Dies gelingt Ihnen durch eine möglichst genaue Zielgruppenanalyse. Diese gibt Ihnen Aufschluss über branchen- oder milieuspezifische Ausprägungen und hilft Ihnen bei dem Festlegen einer treffsicheren Strategie und dem Definieren geeigneter Maßnahmen, um Ihre Zielgruppe so genau wie möglich zu adressieren.

> **Ihr Transfer in die Praxis**
> - Legen Sie zunächst Ihre möglicherweise vorhandene Scheu vor diesen Themen ab: am wichtigsten sind gesunder Menschenverstand und ein gezielter Pragmatismus.
> - Legen Sie Ihre Marketingziele mithilfe der SMART-Regel fest.
> - Lernen Sie Ihre Zielgruppe kennen. Sammeln Sie Zahlen, Daten, Fakten über sie und folgen Sie den Kriterien zur Zielgruppenbestimmung.

Literatur

SIGMA. 2016. Sigma-Milieus. http://www.sigma-online.com/de/SIGMA_Milieus/. Zugegriffen: 06. Juni 2018.

Weiterführende Literatur

Wikipedia (a). SIC-Code. https://de.wikipedia.org/wiki/Standard_Industrial_Classification. Zugegriffen: 06. Juni 2018.
Wikipedia (b). NACE-Code. https://de.wikipedia.org/wiki/Statistische_Systematik_der_Wirtschaftszweige_in_der_Europ%C3%A4ischen_Gemeinschaft. Zugegriffen: 06. Juni 2018.

5

Marketingstrategie

> **Was Sie aus diesem Kapitel mitnehmen**
> - Es ist wichtig, eine Strategie für die nun definierten Ziele und Zielgruppen zu entwickeln
> - Wie Sie vom Ist-Zustand zum Soll-Zustand gelangen

Nach der Definition der Marketingziele und der Antwort auf die Frage „Wo wollen wir hin?", gilt es nun eine Strategie zu definieren, die die Frage „Wie kommen wir da hin?" beantwortet.

Unter „Marketingstrategie" versteht man das langfristig ausgelegte, aber auf jeden Fall in einem bestimmten Zeitrahmen definierte, planvolle Vorgehen zur Realisierung der Ziele im Rahmen einer nachhaltigen Marketingplanung. Die Marketingstrategie richtet sich an der Strategie des Unternehmens aus, welche wiederum die langfristige, erfolgreiche Marktpositionierung vorgibt. Zur Definition der geeigneten Strategie sind die Ergebnisse aus den in Kap. 3 beschriebenen Analysen von großer Bedeutung. Die Marketingstrategie definiert den Weg, wie man vom Ist-Zustand (Ergebnis der Analysen aus Kap. 3) zum Soll-Zustand (Ergebnis der Ziel(gruppen)definition) aus Kap. 4 gelangt.

Wurde z. B. in der Zielfestlegung definiert, dass eine Imagekorrektur erforderlich ist, muss in der Strategie stehen, wie und mit welchen Mitteln die Corporate Identity zu verändern ist. Diese Maßnahmen werden im darauf folgenden Marketingplan festgelegt und in Zeit und Budget definiert.

> **Definition**
> **Corporate Identity** oder kurz *CI* (von engl. *corporation* für ‚Gesellschaft', ‚Firma' und *identity* für ‚Identität') ist die Gesamtheit der Merkmale, die ein Unternehmen kennzeichnen und es von anderen Unternehmen unterscheiden **(Wikipedia 2016)**.
> Corporate Identity ist somit die Schaffung und Erhaltung einer nach innen und außen klaren, einheitlichen Unternehmensdarstellung.

Durch das Definieren einer geeigneten Marketingstrategie treffen Sie Grundsatzentscheidungen, wie Sie die Unternehmens-/Marketingziele erreichen und wie Sie die Marketingressourcen (Mitarbeiter, Budget, Zeit) einsetzen. „Geeignet" bedeutet hier, dass sich die Strategie an den durch Ihre Analysen hinsichtlich Stärken, Schwächen, Portfolio, Wettbewerb, Standort etc. ermittelten Ergebnisse orientiert. Diese Grundsatzentscheidungen haben prinzipiell langfristige Gültigkeit. Da Ihr Unternehmen aber nicht auf einer Wolke existiert, sondern sich im wirtschaftlichen und gesellschaftlichen Umfeld befindet, empfiehlt es sich, diese im Auge und auf dem Prüfstand zu halten und zu reagieren, wenn sich Umfeldbedingungen ändern. Setzen Sie hier auf Agilität, seien Sie bereit, sich neben der erforderlichen Konsequenz auch eine unternehmerische Flexibilität zu erlauben. Betrachten Sie die Strategie als Orientierungsrahmen, innerhalb dessen sich Ihr Unternehmen erfolgreich am Markt ausrichtet und behauptet.

In mittleren Unternehmen werden Marketingstrategien im Rahmen des Unternehmens- und Marketing-Managements normalerweise von Geschäfts- und Marketingleitung definiert. In kleineren Unternehmen ist es meistens auf die Person des Inhabers beschränkt. Hier empfiehlt es sich, entweder durch externe Beratung oder Hinzuziehen anderer Personen des Vertrauens einen Sparring-Partner ins Boot zu holen, um eine Reflexion der anvisierten Wege zu ermöglichen. Hierdurch vermeiden Sie die Gefahr, Ihre Entscheidungen im stillen Kämmerlein zu treffen und möglicherweise an der Realität und Machbarkeit vorbei zu laufen. Denn Beweggrund ist oft ein Wunsch in der Ferne, dessen Realisierbarkeit aber von unterschiedlichen Gegebenheiten abhängig sein kann, die man als einzelne Person möglicherweise nicht immer im Auge hat.

Auch das Be(ob)achten der gesamtwirtschaftlichen und branchenspezifischen (Veränderungs-)Prozesse ist ein kritischer Faktor. Beantworten Sie sich bei der Definition Ihrer Strategie die Frage, ob sie eher auf Abgrenzung, Differenzierung („anders als die anderen") oder Anpassung (Mitschwimmen und Mitnehmen) setzen wollen. Macht es Sinn, der sechste Augenoptiker am Ort zu sein, weil die Bevölkerung immer älter wird und ständig mehr Brillen benötigt werden? Oder setzen Sie lieber zielgerichtet auf die Spezialisierung in bestimmten Bereichen (Kontaktlinsen – Sie sind der erfahrenste Optiker weit und breit…/Hörbrillen – Sie haben das am breitesten gefächerte Angebot…)?

Ebenfalls gilt es das Verhalten Ihres Unternehmens am Markt zu betrachten. Abhängig von Produkt, Wettbewerb und Einstellung des Absatzmarktes (innovativ/konservativ), legen Sie die Taktik fest, ob Sie den Markt eher aggressiv oder defensiv bearbeiten. Bei aggressiver Marktbearbeitung setzen Sie dann im Rahmen des Marketing-Mixes wahrscheinlich auf offensive Kommunikationsmaßnahmen. Hingegen werden Sie bei defensiver Marktbearbeitung gegebenenfalls mehr auf Empfehlungsmarketing zufriedener Kunden und Netzwerke Wert legen.

Werfen Sie auch ein Auge auf das Leistungspotenzial Ihres Unternehmens. Dies gilt in Bezug auf Mitarbeiter und Budget. Hier stellt sich die Frage, wer kann was innerhalb eines definierten Zeitrahmens leisten und was darf es kosten? Macht es z. B. Sinn, auf mehreren Messen im Jahr vertreten zu sein, wenn Sie auf der einen Seite ein beschränktes Budget und auf der anderen Seite eventuell nur ein oder zwei Vertriebsmitarbeiter haben?

> Egal wie Ihre Strategie letztendlich aussehen wird, beachten Sie, diese nicht nur via Marketingplan und Marketing-Mix extern zu kommunizieren. Kommunizieren Sie sie als erstes intern an Ihre Mitarbeiter. Denn diese sind neben Ihren Produkten, Lösungen und Dienstleistungen das wichtigste Potenzial Ihres Unternehmens. Sie sollten als Erste das Recht haben, über die Unternehmensstoßrichtung Bescheid zu wissen. Dies erhöht außerdem die unternehmensinterne Identifikation Ihrer Mitarbeiter mit Ihrem Unternehmen. Und Ihre Mitarbeiter sind im Zweifel auch die ersten, die die Botschaft nach außen tragen. Dies werden sie umso überzeugter tun, je mehr sie sich integriert und eingebunden fühlen.

Unkoordinierte Einzelaktionen vermeiden
Im Zusammenhang mit den strategischen und operativen Unternehmenszielen und den Ergebnissen der getroffenen Analysen werden in der Marketingstrategie die Wege, Schwerpunkte und die allgemeine Stoßrichtung für die nachhaltige und erfolgreiche Positionierung eines Unternehmens am Markt definiert. Hierbei ist eine globale Marketingpolitik zu verfolgen und, wie mehrfach erwähnt, sind unkoordinierte Einzelaktionen zu vermeiden. Ein Unternehmen ist gut beraten, konsequent in der Durchsetzung seiner Marketingstrategie festzuhalten, diese aber dennoch immer wieder auf den Prüfstand zu stellen und gegebenenfalls flexibel zu reagieren.

> **Ihr Transfer in die Praxis**
> - Analysieren Sie aus Marketingsicht, was Ihr strategischer Ist-Zustand ist (s. auch Kap. 3).
> - Definieren Sie dann den Soll-Zustand (s. auch Kap. 4).
> - Finden Sie heraus, wie Sie am besten die Differenz dazwischen überwinden.
> - Denken Sie darüber nach, sich neutrale Beratung von außen zu holen.

Literatur

Wikipedia. 2016. Corporate Identitiy. https://de.wikipedia.org/wiki/Corporate_Identity). Zugegriffen: 06. Juni 2018.

6

Marketingplanung

> **Was Sie aus diesem Kapitel mitnehmen**
> - Wie Sie Ihren individuellen Marketingplan auf Basis Ihrer nun festgelegten Strategie entwickeln.
> - Wie Sie Ihr Budget bestimmen.
> - Wie Ihr Marketing-Mix aussehen sollte und wie Sie die einzelnen Kanäle bespielen.
> - Welche Fehler Sie dabei unbedingt vermeiden sollten.

Sind Sie innerhalb des gesamten und übergreifenden Prozesses „Marketing-Management" an dieser Stelle angekommen, ist es nun Zeit für die operative Marketingplanung und Umsetzung des Marketingplans innerhalb des sogenannten Marketing-Mixes. Hierbei geht es nun darum, auf Basis aller bis dato gewonnenen Erkenntnisse konkrete Aktionen „in time and budget" zu definieren und festzulegen. So erhalten Sie in diesem Kapitel über die Grundregeln der Marketingplanung hinaus Tipps für die effektive und effiziente Festlegung einzelner Marketingmaßnahmen und des dafür erforderlichen Budgets sowie die damit verbundene Realisierung innerhalb eines treffsicheren Marketing-Mixes. Damit beim Kunden ankommt, was ankommen soll und damit er sich für Ihr Unternehmen und Angebot entscheidet.

Bei einer stringenten und konsequenten Marketingplanung werden sich ergänzende und aufeinander abgestimmte Maßnahmen gewählt. Im Idealfall sind die vier Säulen des „Marketinghauses" (siehe Abschn. 2.1) optimal aufeinander abgestimmt.

In den meisten mittelständischen Unternehmen stehen feste Budgets für die einzelnen Teilbereiche wie z. B. Produktentwicklung und Vertrieb zur Verfügung. Lediglich im Bereich der Säule „Kommunikation" tut man sich oft schwer, feste Budgets zu definieren und „Geld für das Marketing" auszugeben. Scheuen Sie sich jedoch nicht, innerhalb der normalerweise jährlich stattfindenden operativen Planung auch für die damit verbundenen Aktivitäten (Presse- und Öffentlichkeitsarbeit, Social Media, Events, Kundeninformationen on- und offline etc.) Budgets festzulegen und in zielgerichtete Aktionen zu investieren.

> Auch wenn es sich bei Ihrem Unternehmen um eine kleinere Firma, Kanzlei oder Praxis etc. handelt, überlegen Sie sich gut, wie, wann, auf welchen Wegen und mit welchen Mitteln Sie Ihre Zielgruppe ansprechen und erreichen wollen. Und es ist auf jeden Fall hilfreich, dies schriftlich festzuhalten und sich ein bestimmtes Budget zu setzen. Nur so vermeiden Sie unzusammenhängende, nicht aufeinander abgestimmte und dadurch wirkungslos verpuffende Einzelaktionen.

6.1 Rahmen und Grundregeln

Das A und O einer erfolgsversprechenden Marketingplanung heißt, an der Unternehmens- und Marketingstrategie entlang Ziele zu definieren, Budgets und Maßnahmen zu planen, deren Umsetzung zu realisieren und anschließend den Erfolg zu messen. Hierbei werden oft zwei grundsätzliche Fehler gemacht, die es zu vermeiden gilt.

Vermeidbarer Fehler Nr. 1: Marketing mit Werbung verwechseln
Dass Marketing mehr als Werbung und Werbung nur ein Teilbereich im Marketing ist, haben wir im bisherigen Verlauf dieses Buches gesehen. Dennoch geschieht es oft, dass insbesondere kleine Firmen aus der Hüfte heraus agieren. Viele Kleinunternehmer setzen beim Marketing auf den Zufall und investieren in einzelne, nicht aufeinander abgestimmte Maßnahmen, oft auch aus persönlicher Motivation heraus. Hier eine Anzeige, dort ein Flyer oder eine Broschüre und ab und zu noch ein E-Mail-Mailing oder ein Posting – frei nach dem Motto: Irgendwoher werden die Kunden schon kommen. Oder hier eine Bandenwerbung, weil der Freund im Vorstand der Lieblingsfußballmannschaft ist, dort eine Anzeige, weil die Anzeigenverkäuferin so charmant argumentiert hat. Nebenher wird die Programmierung der Webseite in Auftrag gegeben und Flyer oder andere Drucksachen werden aus dem Boden gestampft. Allein aus dieser Darstellung dürfte klar sein, dass solche Maßnahmen nur verpuffen können. Stattdessen wundert man sich aber oft über den ausbleibenden Erfolg und es setzt das große Hadern ein, nach dem Motto „Marketing bringt doch eh nichts und kostet nur Geld".

Marketing aber ist nur dann wirklich erfolgreich, wenn es – z. B. von den Werbemitteln und Pressekontakten über den Internetauftritt und Produkt- und Serviceideen bis zum Auftreten in Verkaufsgesprächen – aus einem Guss ist. Und wenn es systematisch angewendet wird.

Dauerhaft erfolgreiches Marketing basiert nicht auf aktionsgetriebener, kurzfristiger Umsetzung, sondern auf langfristig angelegter Planung und dem nachhaltigen Verfolgen eines konzeptionellen, strategischen Ansatzes. Sie als Unternehmer kennen Ihre Märkte und das damit verbundene Potenzial, haben die Wettbewerber im Blick, wissen, wer diese sind und beobachten, wie sie vorgehen und womit sie Erfolg haben. Und Sie wissen, wie Ihre Zielgruppe tickt und wie sie angesprochen werden will.

Marketing ist also als übergreifender, am Markt orientierter Faktor in die Unternehmensführung zu integrieren und Kenntnisse über Märkte, Wettbewerber und Kunden sind ein wesentlicher Erfolgsfaktor, um Wettbewerbsvorteile zu erlangen und dauerhaft zu sichern.

Fazit: Marketing und Werbung sind nicht dasselbe – Werbung ist zwar ein Teil vom Marketing aber Marketing ist mehr als Werbung.

Vermeidbarer Fehler Nr. 2: Geld für Marketing dann ausgeben, wenn es in der Kasse ist
Marketingbudgets werden oft in guten Jahren großzügiger bemessen und in schlechten Jahren wird der Ball flach gehalten, also eben kein Geld für Marketing ausgegeben. Auch hier besteht der Fehler darin, nicht konsequent, zielorientiert und nachhaltig den Markt zu durchdringen. Zugegeben, Marketingbudgets stehen immer auf dem Prüfstand, vor allem, wenn es darum geht, Kosten einzusparen. Aber auch das ist falsch, weil dadurch ein in guten Jahren vielleicht erfolgreich in den Markt gesetzter erster Schritt wieder verpufft.

Ausgaben für das Marketing sind kein notwendiges Übel sondern eine Investition in die Zukunft Ihres Unternehmens. Zugegeben, Marketing ist immer in der Pflicht zu beweisen, dass die Aktivitäten Erfolg für das Unternehmen haben. Dieser Nachweis fällt oft schwer. Und Marketing kämpft immer an zwei Fronten: Einerseits die Beziehung zur Zielgruppe – den potenziellen Neukunden und den Bestandskunden – aufzubauen, zu pflegen und am Markt wahrgenommen zu werden. Andererseits muss intern im eigenen Unternehmen immer wieder argumentiert werden, um die nötigen Budgets zu erhalten.

> Effizienter und günstiger kommen Sie voran, wenn Sie das Marketing für Ihre Firma systematisch und strukturiert betreiben. Die Grundlage dessen ist ein Marketingplan. In dem werden die einzelnen Kommunikationsmaßnahmen im Hinblick auf Zeit und Kosten festgelegt. Und das immer mit Rücksicht auf die Machbarkeit für kleine und mittlere Unternehmen. Damit Sie immer wissen, was wann zu tun ist, was es Sie kostet und am Ende gebracht hat, also wie effektiv, zielgerichtet und schlussendlich effizient Sie Ihr Budget eingesetzt haben.

6.2 Marketingbudgets arbeiten lassen

Wie legt man denn nun ein Marketingbudget fest? Bei knapp der Hälfte der Unternehmen (47 %) wird das Budget aus dem Vorjahr fortgeschrieben (Inverto 2015). Oft orientiert es sich auch in Prozent an den Umsatz- oder Gewinnzahlen (hier gilt als Erfahrungswert 2 %–3 % des Vorjahresumsatzes). Beide Herangehensweisen kann man gelten lassen. Unklug ist es hingegen, wenn es sich an dem orientiert, was übrig ist. Alle drei Wege sind jedoch auch insofern kritisch zu bewerten, als dass sie sich an der Vergangenheit orientieren und nicht in die Zukunft gerichtet sind. Positiv kann man bewerten, dass sich aus Weg eins und zwei wenigstens ein finanzieller Überblick über die einzusetzenden Mittel ergibt.

Eine in die Zukunft gerichtete Planung muss wie folgt aussehen: Ziele definieren, Zielgruppen anvisieren, Budget festlegen und damit die Aktionen planen. Wie effizient das Budget dann genutzt wurde, ergibt sich, wenn Sie nicht nur Plan- und Ist-Kosten einander gegenüberstellen, sondern auch überprüfen, inwieweit die vorher festgelegten Ziele durch die umgesetzten Maßnahmen erreicht wurden (Kap. 7).

Und behalten Sie nicht nur Ihre Ziele im Auge, sondern auch die Zielgruppe. Denn nur so wird sichergestellt, dass das Marketingbudget dort wirkt, wo es wirken soll und nicht im Gießkannenprinzip ausgegeben wird. Wird z. B. eine Anzeige außerhalb eines zielgruppenspezifischen Mediums geschaltet, erreichen Sie nur einen Bruchteil Ihrer Zielgruppe.

Ein weiteres wichtiges Kriterium neben dem zielorientierten Einsatz Ihres Marketingbudgets ist dessen konzentrierter Einsatz. Dies erreichen Sie z. B. durch das Definieren von Aktionszeiträumen, also der zeitlichen Planung Ihrer Marketingmaßnahmen und somit der stichpunktgenauen Vergabe Ihres Budgets. Eine Grundvoraussetzung für wirksame und nachhaltige Kommunikation ist die ständige Penetration des Marktes mit Ihrer Botschaft. D. h. Ihre Zielgruppe kommt an Ihren Informationen nicht mehr vorbei. Eine ständige und nachhaltige Penetration erreichen Sie dann, wenn Sie in allen Formaten, seien es Anzeigen und Presseveröffentlichungen in den für Sie relevanten Fachmedien, Internetauftritt, (E-Mail)Mailings, Newslettern, Telefonaktionen, Produktbroschüren und Flyern, Events wie (Haus)Messen, Fachtagen, Social Media u. v. m. den roten Faden vor Augen haben und konsequent Ihrer Kommunikationsstrategie folgen.

Auf wie viele und welche Formate innerhalb des Marketing-Mixes Sie letztendlich setzen, hängt hauptsächlich von Ihrem Budget ab. Zu wenig

Geld für zu viele Maßnahmen führt zu nichts – dann sind wir wieder beim Gießkannenprinzip. Haben Sie z. B. 1000 EUR zur Verfügung, dann bereiten Sie lieber individuell einer kleinen Zahl Ihrer besten Kunden oder heißesten Interessenten einen unvergesslichen Abend. Statt das Geld in eine einzige Anzeige zu investieren, deren Wirkung nur verpuffen kann, so sie überhaupt wahrgenommen wird. Haben Sie 10.000 EUR zur Verfügung, sieht die Sache schon anders aus. Aber auch hier gilt es zu überlegen, welche Aktivitäten am zielführendsten sind, um sich dauerhaft in den Köpfen Ihrer definierten Zielgruppe festzusetzen. Und eines ist sicher: Sie können nicht ständig große, aufsehenerregende Aktionen starten, denn jedes Budget ist endlich.

Deshalb nutzen Sie auf jeden Fall einen Teil Ihres Budgets (und planen dies im Marketingplan ein) für ein konsequentes Tunen des Erscheinungsbildes Ihrer Firma, damit dieses nach innen und außen geschlossen und einheitlich ist (Corporate Design). Alle Kommunikationsmittel wie z. B. Visitenkarten, Briefbogen, Anzeigen-, Newsletter- und Präsentationsvorlagen, Weihnachtskarten, Fahrzeugbeschriftungen, Messestände und last but not least auch Ihr Auftreten in den Social Media, zahlen darauf ein. So fügen sich in der Innen- und Außenwirkung alle Bestandteile zu einem schlüssigen Ganzen und Sie vermitteln nicht nur ein überzeugendes Image sondern auch Professionalität.

Dies bringt uns dann zu der Frage, was die einzelnen Marketing-Elemente denn kosten (dürfen) und welchen Stellenwert sie für Ihr Unternehmen haben. Laut der Marketingeffizienz-Studie der INVERTO AG® aus dem Jahr 2015 entfällt der Löwenanteil der Marketing-Ausgaben in einer Größenordnung von 23 % auf Agenturdienstleistungen (Abb. 6.1).

Das ist insofern einleuchtend, als dass für alle anderen Marketing-Aktivitäten wie Anzeigen, Messebau, Druckerzeugnisse etc., d. h. für alle Arbeiten, bei denen Layout und Design eine Rolle spielen, meistens eine Agentur beauftragt wird.

6 Marketingplanung

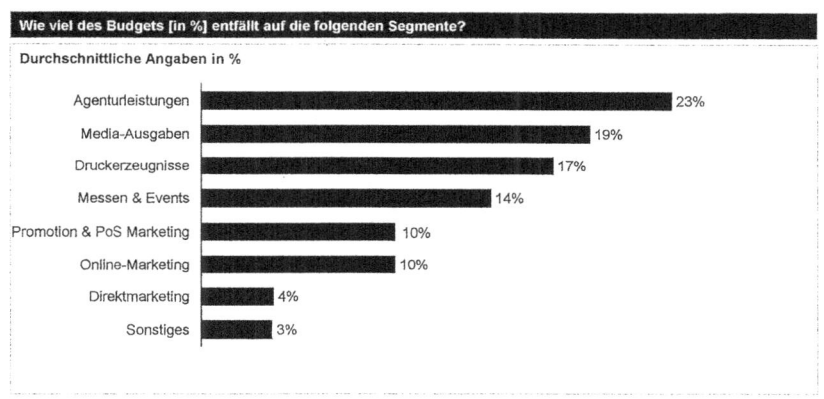

Abb. 6.1 Marketing-Spendings. (Quelle: INVERTO AG)

Tipp
Es war und ist auch häufig noch gang und gäbe, über Jahre hinweg mit einer bestimmten Agentur fest zusammen zu arbeiten. Das hat den Vorteil, dass auf das oft aufwendige aber wichtige Agentur-Briefing verzichtet werden kann, bzw. dieses sich auf ein Minimum reduzieren lässt. Auftraggeber und Agentur wissen, was sie aneinander haben und alle erforderlichen Unterlagen wie Logo und Richtlinien für das Corporate Design sind bekannt und liegen der Agentur vor. Der Nachteil ist, dass sich Gewohnheiten einschleifen, die Agentur „ja weiß, was der Kunde gerne hätte" und so ein Nachlassen der Kreativität drohen kann. Auch werden die Kosten nicht jedes Mal neu verhandelt, sondern seitens des Kunden (in diesem Fall ist das IHR Unternehmen) meistens abgenickt. Hier besteht die Gefahr, dass die Effizienz auf der Strecke bleibt.
Um diesen „Abnutzungserscheinungen" entgegen zu wirken, empfiehlt es sich, von Zeit zu Zeit einzelne Projekte, wie z. B. den Relaunch einer Produktbroschüre oder diverse Druckaufträge neu auszuschreiben. Der erhöhte Aufwand für ein neuerliches Briefing des Dienstleisters kann sich durch frischere Kreativität und überraschend günstigere Angebote auszahlen.

Bemerkenswert ist laut derselben Studie der geringe Anteil von 10 % der Ausgaben für Online-Marketing. Dies heißt aber nicht zwangsläufig, dass die Firmen keine Aktivitäten im Online-Marketing unternehmen. Vielmehr ist es so, dass in diesem Bereich unter Einbeziehung von Social Media mit relativ geringen Ausgaben gute Ergebnisse messbar in Reichweite, Klicks, Conversion Rates usw. erzielt werden können. Die Zeiten, als für Banner auf Webseiten fast so viel bezahlt werden musste wie für eine Print-Anzeige sind in Zeiten von Social Media vorbei. Gut so!.

6.3 Marketingplan – Beispiele aus der Praxis für die Praxis

In der operativen Marketingplanung geht es nun darum, geeignete Maßnahmen zu definieren, um Ihre Ziele und Zielgruppen möglichst genau zu erreichen. Wurde für das Geschäftsjahr ein Budget definiert, das für Marketingaktivitäten ausgegeben werden kann, sind diese im Marketingplan unter Berücksichtigung der Strategie zu definieren.

In Abb. 6.2 sehen Sie einen Auszug aus einem Marketingplan für ein mittelständisches Unternehmen, der Planung und Auswertung über verschiedene Kostenstellen und Konten berücksichtigt. Diesen können Sie für alle anderen definierten Marketingmaßnahmen (wie z. B. Pressearbeit, Mailings oder Telemarketingaktionen) ebenso anwenden und die Liste nach unten hin verlängern. Das Planbudget wird auf die einzelnen, möglichen Aktivitäten verteilt und in der Spalte PLAN eingetragen. Nach Durchführung werden die entstandenen Kosten in der Spalte IST gegenübergestellt. Durch die hinterlegte Rechenfunktion im Excel-Sheet sehen Sie immer auf einen Blick, wo Sie gerade stehen.

Zu den einzelnen Aktivitäten empfiehlt es sich, untergeordnete Pläne anzulegen, z. B. Anzeigen-, Veranstaltungs- und Mailingplan usw. Wurde zur Zielsetzung „Neukundengewinnung" z. B. definiert, dass in zielgruppenspezifischen Fachzeitschriften Anzeigen zu schalten sind, wird im Marketingplan das für Anzeigen zur Verfügung stehende Gesamtbudget eingetragen. Im Anzeigenplan (Abb. 6.3) wiederum werden die einzelnen Fachzeitschriften aufgeführt mit

6 Marketingplanung   59

	A	B	C	D	E	F	G	H	I	J
1	Marketingplan Jahr xxxx									
2										
3		Plan Jahr jjjj				Ist Jahr jjjj			Summe Konten PLAN	Summe Konten IST
4		Bereich 1 (KST xxx)	Bereich 2 (KST xxx)	Bereich 3 (KST xxx)		Bereich 1 (KST	Bereich 2 (KST xxx)	Bereich 3 (KST		
5	Anzeigen (Kto. yyyy)				Anzeigen (Kto. yyyy)					
6	Anzeigen, z.B. in Fachzeitschriften	0	0	0	Anzeigen, z.B. in Fachzeitschriften	0	0	0		
7	Online-Werbung	0	0	0	Online-Werbung	0	0	0		
8	…	0	0	0	…	0	0	0		
9	Summe	0	0	0	Summe	0	0	0	0	0
10	Events (Kto. yyyy)				Events (Kto. yyyy)					
11	Messe 1	0	0	0	Messe 1	0	0	0		
12	Messe 2	0	0	0	Messe 2	0	0	0		
13	Kundenjahresveranstaltung	0	0	0	Kundenjahresveranstaltung	0	0	0		
14	…				…					
15	Summe	0	0	0	Summe	0	0	0	0	0
16	Print (Kto. Yyyy)				Print (Kto. yyyy)					
17	Imagebroschüre	0	0	0	Imagebroschüre	0	0	0		
18	Produktübersichten	0	0	0	Produktübersichten	0	0	0		
19	Kataloge	0	0	0	Kataloge	0	0	0		
20	Flyer	0	0	0	Flyer	0	0	0		
21	Kundenzeitschrift	0	0	0	Kundenzeitschrift	0	0	0		
22	…	0	0	0	…	0	0	0		
23	Summe	0	0	0	Summe	0	0	0	0	0
74	Usw.									
75	Summe KST PLAN	0	0	0	Summe KST IST	0	0	0	0	0

Abb. 6.2 Beispiel Marketingplan Mittelstand. (Quelle: Eigene Darstellung)

	A	B	C	D	E	F	G	H	I	J	K	L	M
1						Anzeigenplan Jahr xxxx							
2	Medium	Ausgabe	ET	AZ	DU	Maße	Format	Preis	Rabatt	AE-Provision	Endpreis	Themenschwerpunkt	Bemerkungen
3													
4													
5	**Legende**												
6	Medium	Name des Printmediums											
7	Ausgabe	Nr. und Jahr der Ausgabe											
8	ET	Erscheinungstermin											
9	AZ	Anzeigenschluss (Termin, bis zu dem die Buchung spätestens erfolgt sein muss)											
10	DU	Druckunterlagen (Termin, bis zu dem die druckfähige Anzeige spätestens vorliegen muss)											
11	Maße	Angabe mm in Breite x Höhe											
12	Format	Seitenformat (1/3, 1/2 usw.)											
13	Preis	Bruttopreis laut Mediaunterlagen											
14	Rabatt	Mit AZ-Abteilung ausgehandelter Rabatt											
15	AE-Provision	Anteil, den die Agentur überlässt											
16	Endpreis	tatsächlich zu zahlender Betrag											
17	Themenschwerpunkt	auf die Ausgabe bezogen, in der die Anzeige geschaltet wird											
18	Bemerkungen	Sonderanmerkungen, um evtl. hinterher Abläufe nachvollziehen zu können											

Abb. 6.3 Beispiel Anzeigenplan. (Quelle: Eigene Darstellung)

den Terminen für Veröffentlichung der Ausgabe, Anzeigenschluss, Druckunterlagenschluss, Format (z. B. 1/8 Seite quer, 1/3 Seite hoch etc., den jeweiligen Abmessungen in mm Breite x Höhe), Schwerpunktthema der Ausgabe sowie den Kosten laut Mediaplan der Fachzeitschrift und den letztendlich verhandelten Kosten.

> Es lohnt sich immer, mit Anzeigenabteilungen zu verhandeln. Normalerweise werden Mal- und Mengenrabatte gewährt und sind den Mediaplänen zu entnehmen (Malrabatt richtet sich nach der Anzahl der Schaltungen einer Anzeige, Mengenrabatt nach der insgesamt erreichten Fläche). Aber auch darüber hinaus sind weitere Verhandlungen oft erfolgreich. In Zeiten des Konkurrenten Social Media sind Anzeigenabteilungen eher gesprächsbereit. Ebenfalls lohnt es sich, die Anzeige über eine Agentur zu schalten und mit der Agentur zu verhandeln, welchen Anteil des Agenturrabatts, auch *AE-Provision* (Abkürzung für den früher gebräuchlichen Begriff *Annoncen-Expedition*), normalerweise zwischen 10 % und 15 %, diese Ihrem Unternehmen überlässt. In den meisten Fällen wird das die Agentur sein, die Sie auch mit der Erstellung der Anzeige beauftragen.

Marketingplan für Kleinunternehmen

In kleinen Unternehmen, Praxen und Kanzleien usw. ist die Marketingplanung natürlich wesentlich weniger komplex aber nicht minder wichtig. Auch hier sollte es unbedingt einen Marketingplan geben, in dem die vorgesehenen Aktivitäten und dafür einzusetzenden Budgets hinterlegt sind. Einen Auszug finden Sie in Abb. 6.4. Auch diese Liste lässt sich um andere definierte Marketingmaßnahmen (wie z. B. Pressearbeit, Mailings oder Telemarketingaktionen) erweitern. Nur so ist es letztendlich möglich, den Überblick zu behalten und in sich stimmige und aufeinander aufbauende Maßnahmen zu definieren und die Kosten laufend im Auge zu haben.

Beide Versionen eines Marketingplans sind Beispiele für das, was möglich ist und sind natürlich immer individuell je Unternehmen zu definieren. Diese Art der stringenten, nachhaltigen Planung verbietet es natürlich nicht, sich eine gewisse Flexibilität zu bewahren. Die Praxis zeigt, dass es unterjährig immer neue Angebote und Möglichkeiten gibt, die sich auftun und wahrzunehmen sind. Prüfen Sie aber immer wieder anhand von Strategie, Zieldefinition und Zielgruppe, inwieweit spontane Aktionen sinnvoll und im Budget integrierbar sind. Und fügen Sie diese kostenmäßig in den Plan ein, und zwar in der Spalte IST – denn

	A	B	C	D
1	**Marketingplan Jahr xxxx**			
2				
3		Plan Jahr xxxx		Ist Jahr xxxx
4	Anzeigen		Anzeigen	
5	Anzeigen, z.B. in Orts-, Verbands-, Innungszeitungen	0	Anzeigen, z.B. in Orts-, Verbands-, Innungszeitu	0
6	Online-Werbung	0	Online-Werbung	0
7	...	0	...	0
8	Summe	0	Summe	0
9	Events		Events	
10	Messe	0	Messe	0
11	Leistungsschau	0	Leistungsschau	0
12	Kundenjahresveranstaltung	0	Kundenjahresveranstaltung	0
13	...		...	
14	Summe	0	Summe	0
15	Print		Print	
16	Imagebroschüre	0	Imagebroschüre	0
17	Flyer	0	Flyer	0
18	...	0	...	0
19	Summe	0	Summe	0
57	Usw.			
58	**Summe KST PLAN**	0	**Summe KST IST**	0

Abb. 6.4 Beispiel Marketingplan Kleinunternehmen. (Quelle: Eigene Darstellung)

geplant waren Sie ja nicht. Es ist aber wichtig, die dafür entstandenen Kosten nachvollziehen zu können, damit später im Marketing-Controlling hinterfragt werden kann, ob sich die Aktion gelohnt hat.

6.4 Ausgewählte Aktivitäten in der Marketingkommunikation

6.4.1 Pressearbeit/Anzeigenveröffentlichungen

Pressearbeit
Gute Pressearbeit ist neben einem starken Internetauftritt (Abschn. 6.4.2) ein zentraler Dreh- und Angelpunkt für ein erfolgreiches Marketing und einen starken Unternehmensauftritt. Gute Pressearbeit zahlt auf zentrale Marketingziele wie Erhöhung des Bekanntheitsgrads/Imageverbesserung, Neukundengewinnung und Kundenbindung ein. Unabhängig davon, ob Sie mit einer Presseagentur zusammenarbeiten oder die Pressearbeit aus eigener Kraft stemmen, ist ein aktuell zu haltender Presseverteiler unabdingbar. In diesem werden Name und Adresse des jeweiligen (Fach)mediums, -Ansprechpartner in den Redaktionen mit allen Kontaktdaten, Internetadresse, usw. hinterlegt. Eine gute Quelle zur Auswahl der unternehmensrelevanten und fachspezifischen Medien ist z. B. das Portal fachzeitungen.de.

Pressearbeit braucht einen langen Atem. Eine durchgängige, nachhaltige Medienpräsenz erreicht man nicht von heute auf morgen. Der Erfolg, sprich die Häufigkeit und Intensität, mit der über ein Unternehmen berichtet wird, hängt von vielen Faktoren ab. Hierzu gehören zuallererst regelmäßige Kontakte zu den Redaktionen, das Generieren von interessanten Themen für Fachberichte, Success Stories und aktuellen Meldungen für Presseinformationen. Es ist wichtig, dass es im Unternehmen einen zentralen Ansprechpartner (im Mittelstand Marketingleitung, in kleineren Unternehmen Geschäftsführung) gibt. Dieser sollte den Redaktionen auch bekannt sein und ebenfalls auf Veranstaltungen/Messen präsent und gut informiert sein.

Fachberichte und Success Stories wollen die Redaktionen gerne exklusiv, d. h. Veröffentlichungen in Medien mit selber Zielgruppe unterliegen oft einer Sperrfrist, sodass Zweitveröffentlichungen erst nach einer gewissen Frist von mehreren Monaten möglich sind. Auch ist grundsätzlich eine Vorlaufzeit zur Veröffentlichung einzukalkulieren. Deshalb ist es wichtig, die Themenpläne rechtzeitig zu sondieren und die Themen entsprechend zu generieren und zur Veröffentlichung zu vereinbaren. Für die Veröffentlichung von einfachen Presseinformationen ist es auch möglich, sich diverser Online-Presseportale zu bedienen. Dies ist insbesondere hilfreich, wenn die Pressearbeit nicht von einer Agentur sondern dem Unternehmen eigenständig vorgenommen wird. Aber Vorsicht: Die meisten Onlineportale sind auch kostenpflichtig und Suchmaschinen können die Sichtbarkeit einschränken, wenn ein direkter Link auf die Unternehmensseite vorhanden ist.

Beispiele für Online-Presseportale
- openpr.de
- pressrelations.de
- presseportal.de
- perspektive-mittelstand.de
- presseanzeiger.de
- fair-news.de
- …

Anzeigenveröffentlichungen
Diese gehen oft mit der Pressearbeit Hand in Hand. Hierbei gilt: Eine Anzeige ist keine Anzeige. Mit „zu wenig" kann man genau so viel falsch machen bzw. Geld verbrennen, wie mit ungeplant und sprunghaft veröffentlichten Anzeigen. Eine zu geringe Anzahl von Anzeigen bleibt wirkungslos und Sie erzielen damit keinen Wiedererkennungseffekt. Wie bereits in Abschn. 6.3 dargelegt, ist ein Anzeigenplan unabdingbar für die Wirksamkeit dieser Werbemaßnahme. Sinnvoll geplant und regelmäßig veröffentlicht, zahlen Anzeigen sowohl auf die Erhöhung des Bekanntheitsgrades/Imageverbesserung als auch auf die Neukundengewinnung ein. Für die

Bestandskundenbindung sind sie eher irrelevant. Für Mediaausgaben (Pressearbeit und Anzeigenveröffentlichungen zusammen genommen) liegt der Anteil am Marketingbudget bei 19 % (Inverto 2015). Ein nicht unbeträchtlicher Betrag. Oft ist es so, dass insbesondere kleinere Fachverlage im „Gegenzug" für eine größere Presseveröffentlichung eine Anzeigenschaltung erwarten. In diesem Fall empfehle ich darauf zu achten, dass die beiden Aktivitäten zeitlich unabhängig voneinander, also in verschiedenen Ausgaben, stattfinden. Der Grund liegt auf der Hand. Neutrale Presseberichte sollen nicht „gekauft" aussehen.

> **Für die Gestaltung der Anzeigen lohnt es sich, Folgendes zu beachten**
> - In allererster Linie müssen sie natürlich die Corporate Identity des Firmenauftritts widerspiegeln.
> - Sämtliche Kontaktinformationen einschließlich URL müssen vorhanden sein, damit der Leser die Möglichkeit hat, sich bei Interesse zu melden bzw. auf die Homepage geleitet wird.
> - Gute, beeindruckende Aufmachung (Eye-Catcher).
> - Response-Möglichkeiten (oft im B2C-Bereich, z. B. Kataloge anfordern, Produkte direkt bestellen, aber auch Firmenbroschüren, Teilnahme an Verlosungen u. ä.) sollten vorhanden sein.

6.4.2 Internet

Es versteht sich von selbst, dass der Internetauftritt eines Unternehmens immer aktuell sein sollte. Die Praxis zeigt aber insbesondere bei kleineren Firmen, dass der Unternehmensauftritt oft hinter den Aktivitäten in Social Media wie z. B. Facebook und XING hinterher hinkt. Vielmehr sollten jedoch diese dazu geeignet sein, den Besucher auf den Firmenauftritt zu lenken. Vergessen Sie deshalb beim Posten aktueller Meldungen/Informationen nicht, diese ebenfalls auf der Webseite anzukündigen.

Von zentraler Wichtigkeit ist die gute Auffindbarkeit des Internetauftritts in den Suchmaschinen. Messen Sie deshalb einer guten Description und der sorgfältigen Auswahl der Keywords erhöhte Bedeutung bei. Wichtig ist, diese durch das Auge des Kunden/

Interessenten zu sehen. Deshalb sollte man sich in dessen Lage versetzen und sich überlegen, unter welchen Begriffen er wohl nach seinem Bedarf suchen würde.

Bei diesem Thema handelt es sich um einen Teilbereich der sogenannten Suchmaschinenoptimierung oder Search Engine Optimisation (SEO). Es gibt unzählige Agenturen, die diese Dienstleistung anbieten, nicht immer kostengünstig. Deshalb gilt es zu überlegen, ob man die Suchmaschinenoptimierung – allerdings verbunden mit einem gewissen Zeitaufwand und dem Aneignen der nötigen Fachkenntnis – nicht auch selbst leisten möchte. Wichtig dabei ist es auch, immer auf dem Laufenden zu bleiben, welche Richtlinien die Suchmaschinen, vor allem natürlich Google, ändern oder neu herausgeben. Weitere wichtige Teilbereiche neben der Ermittlung relevanter Keywords und Keyword-Kombinationen innerhalb der SEO sind z. B.:

- Architektur der Webseite
- Seitenstruktur und Seitenaufbau
- Linkaufbau
- Häufigkeit von Aktualisierungen auf der Webseite
- Auswahl und Verlinkung weiterer URLs/Domänen/Landingpages
- …

Mit Net-Tracking-Tools wie z. B. Google Analytics können alle Aktivitäten gemessen und ausgewertet werden. Ebenfalls – im Rahmen der Wettbewerbsanalyse Abschn. 3.1.3 angesiedelt – gilt es, die Internetauftritte der Wettbewerber im Auge zu behalten. Je nach Unternehmensart bietet es sich auch an, über einen Online-Shop nachzudenken. Auch ist es schön, sozusagen als Bonbon für die Bestandskunden eine Online-Community einzurichten, zu der nur diese mittels eines speziellen Passwortes Zugriff haben, um dort gesonderte Informationen vorzufinden. Dies können z. B. Ankündigungen zu Fristen, Wartungsverträgen, Sonder-/Spezialangeboten u. v. m. sein. Mit dieser Maßnahme zahlt man besonders auf ein möglicherweise im Bereich „Kundenbindung" definiertes Marketingziel ein.

6.4.3 Messen und Events

Veranstaltungen nehmen im Marketingplan mit 14 % (Inverto 2015) ebenfalls einen beeindruckenden Anteil ein. Sie zahlen gleichermaßen auf die genannten Marketingziele Neukundengewinnung, Erhöhung des Bekanntheitsgrades/Imageverbesserung und Kundenbindung ein. Bei der Messeplanung sind nicht nur die Messen aus dem eigenen Fachgebiet (IT-Unternehmen z. B. CeBIT) für Ausstellungen zu berücksichtigen, sondern ebenfalls aus Nebenbereichen. So sind auf jeden Fall auch Messen interessant, auf denen Ihre Zielgruppe selber ausstellt.

> **Beispiel**
> Ein Unternehmen, das z. B. Software und damit verbundene Dienstleistungen für die Nahrungsmittelindustrie herstellt, sollte unbedingt auch Fachmessen im Bereich Nahrungsmittelindustrie, wie z. B. Anuga, SÜFFA, ISM etc. für eine Messepräsenz in Betracht ziehen. Kommt ein eigener Messestand auf einer „Kundenmesse" nicht in Betracht, ist es immer noch sinnvoll, dass Vertriebsmitarbeiter oder andere geeignete Mitarbeiter die Messe besuchen und die interessanten Unternehmen am Stand aufsuchen. Auch in diesem Fall ist natürlich eine gute Vorbereitung (Auswahl der Firmen, Auswahl der gewünschten Gesprächspartner, eventuell vorab Terminvereinbarung usw.) unabdingbar.

Alle Messen national und international können mit allen relevanten Informationen in Messeverzeichnissen wie z. B. auma-messen.de oder messen.de gefunden werden. Auch im Bereich Messen und Events ist es unbedingt empfehlenswert, einen Veranstaltungsplan anzulegen, in dem alle relevanten Termine und weitere Detailinformationen hinterlegt sind. So behalten Sie auch hier den Überblick.

Auf der Messe selbst, unabhängig ob Fachmesse aus dem eigenen Bereich oder Nebenbereichen, als Aussteller oder Besucher, ist es unerlässlich, für jeden Messekontakt einen sogenannten Leadbogen auszufüllen (Abb. 6.5).

Hier werden alle interessanten und wichtigen Informationen zum Unternehmen des Interessenten eingetragen. Machen Sie sich im

6 Marketingplanung

Interviewer _____
Teilnehmerinteresse als:
☐ Interessent ☐ Kunde ☐ Berater
☐ Partner ☐ Presse ☐ _____

Besuchsbericht *Messname / Jahr*

☐ Tag xx.yy.xxxx ☐ Tag xx.yy.xxxx ☐ Tag xx.yy.xxxx Kundentag
☐ Tag xx.yy.xxxx ☐ Tag xx.yy.xxxx

Visitenkarte antackern oder Kontaktdaten erfassen!
Name / Vorname _____
Unternehmen _____
Adresse / Land _____
Position / Funktion _____
Fon / Fax / Mobil _____
eMail _____
Interessentendaten bekannt ☐

Firmen- und Projektdaten:
☐ Umsatz < x / ☐ Umsatz < x // ☐ Umsatz < x /// Anzahl Mitarbeiter: _____
☐ usw. ☐ usw. ☐ usw. Branche: _____
Gepl. Entscheidung ☐ in 6 Monaten ☐ in 12 Monaten ☐ in mehr als 12 Monaten:

Interesse für:
☐ Produkt 1
☐ Produkt 2
☐ Produkt 3
☐ Lösung 1
☐ Lösung 2
☐ Lösung 3

Name bisherige Lösung/Wettbewerbsprodukt
hier _____
alles _____
interessante _____
benennen _____
usw. _____

Besuchsgrund:
Mailing/ Einladung ☐
Anruf ☐
Anzeige/ Presse ☐
Spontan ☐
Sonstiges _____

Bemerkung/ Aktionen (bei Bedarf zusätzliche Seiten anheften):

Messelogo einbinden

Priorität: ☐ hoch / 1 ☐ mittel / 2 ☐ niedrig / 3 oder ohne ☐
Kontaktwunsch: ☐ Präsentation ☐ mit Presales ☐ Unterlagen
Kontaktart: ☐ eMail ☐ Post/ Telefon ☐ Newsletter-Erlaubnis

Eigenes Firmenlogo einbinden

Abb. 6.5 Beispiel Messe-Leadbogen. (Quelle: Eigene Darstellung)

Rahmen der Messevorbereitung Gedanken darüber, was Sie von der Firma wissen wollen und legen Sie entsprechende Felder im Leadbogen an. Das hilft, im Gespräch den Überblick zu behalten und an alles zu denken. Besondere Bedeutung kommt der Klassifizierung des Kontaktes nach Priorität (1, 2, 3…) zu. Hiermit wird in erster Linie definiert, wie dringend (eilig und wichtig) eine Kontaktaufnahme nach der Messe ist. In der anschließenden Messenachbereitung und nach den ersten Gesprächs- oder Vor-Ort-Terminen, werden die Kontakte dann nach A, B, oder C klassifiziert (abhängig z. B. vom Entscheidungshorizont und/oder der Dringlichkeit des Bedarfs.) Hierfür ist ein gutes CRM-System (Customer Relationship Management = Kundenbeziehungsmanagement) von Vorteil, um die Vertriebsaktivitäten dokumentieren und steuern zu können.

Was sonst noch wichtig ist
Eine **gute Messevorbereitung** ist der Türöffner für einen erfolgreichen Messeauftritt. Als Erfolgsfaktoren hierfür gelten Standorganisation, Standgestaltung und Standpersonal. Standplanung und -gestaltung beeinflussen, ob sich die Besucher (in dem Fall Laufpublikum zum Generieren neuer Interessenten) für Ihr Unternehmen und Ihre Leistungen interessieren. Entweder arbeiten Sie mit einem Messebauunternehmen zusammen, das Sie mit der Standgestaltung beauftragen. Hierbei sind mehrere Termine zur Abstimmung erforderlich, die von den maßgeblichen Personen (Geschäftsführung/Marketingleitung) geführt werden. Es versteht sich von selbst, dass sich die Corporate Identity auf jeden Fall widerspiegeln muss. Aber auch andere Faktoren wie z. B. Anzahl der Präsentationsplätze, Sitz-/Stehgelegenheiten, Empfangstheke, Wandgestaltung usw. spielen eine wichtige Rolle. Entscheiden Sie sich für einen von der Messe aufgebauten Systemstand, sind diese Faktoren je nach Größe des Standes ebenfalls zu berücksichtigen. Planen Sie ebenfalls die Einladungen in Form von (E-Mail)Mailings und entsprechende telefonische Nachfassaktionen für die Kunden/Interessenten ein, die Sie bereits im Adressbestand haben.

Bei der **Standorganisation** werden die Verantwortlichkeiten für das Messeteam festgelegt. Wer ist für die Begrüßung zuständig, wer für Pre-Sales, Vertrieb, Presseanfragen, Kooperationsgesuche usw. Mit so festgelegten Verantwortlichkeiten weiß jedes Mitglied der Messemannschaft, was seine Aufgaben sind, was wiederum für Ruhe und Übersichtlichkeit am Stand sorgt. Und dies gibt letztendlich den Ausschlag dafür, wie wohl sich ein Besucher bei Ihnen fühlt. Denn damit wird letztendlich das Vertrauen aufgebaut, dass erforderlich ist, dass er sich weiter für Ihr Unternehmen interessiert und dieses als möglichen Partner in Betracht zieht.

Mit der Auswahl des (gut geschulten) **Standpersonals** haben Sie es letztendlich in der Hand, ob Sie die Kompetenz vermitteln können, die einen Interessenten beeindruckt und von Ihrem Unternehmen überzeugt.

Im **Messebriefing** werden vor Messebeginn alle Standmitarbeiter auf einen einheitlichen Kenntnisstand hinsichtlich der Messeziele des Unternehmens gebracht, die natürlich im Vorfeld von Geschäftsleitung, Marketing und Vertrieb zu definieren sind. Weiterhin werden alle allgemein verlautbaren Unternehmensinformationen (Anzahl Mitarbeiter, Standorte, Historie, Umsatz) kommuniziert, damit alle Beteiligten über dieselben Fakten in Kenntnis sind und einen einheitlichen Sprachgebrauch anwenden. Wichtig im Messebriefing ist neben der Frage „Wie begrüße ich die Besucher?" auch die thematische Vorbereitung der Messegespräche. Hierzu gehören alle Fakten zu Produkten, Lösungen und Dienstleistungen, damit das Standpersonal mit der erforderlichen Kompetenz auftreten kann.

In der **Messenachbearbeitung** kann die Messebewertung auf solide Grundlagen gestellt werden. Oft kommt es, insbesondere bei längeren Messeaufenthalten, beim Team zu subjektiven, emotional geprägten Bewertungen. Diese gilt es in messbare Facts umzuwandeln. Besser ist es, sich einen Tag Zeit dafür zu nehmen, anstatt dass der Vertrieb in seiner Euphorie ungefiltert in den Außendienst geht und ohne Bewertung einem eventuell vom Interessenten in erster Begeisterung geäußerten Wunsch „Wir machen sofort nach der Messe einen Termin" folgt. Anhand der ausgefüllten Leadbögen Abb. 6.5 gelingt es, die Vorgehensweise zu priorisieren und mit den vor der Messe festgelegten Messezielen (z. B. Anzahl A-, B-, C-Leads, Anzahl Abschlüsse/Verkäufe, Entscheidungshorizont etc.) in Einklang zu bringen.

Das Marketinginstrument bzw. der Vertriebskanal „Messe" bietet unter Berücksichtigung des Kostenanteils am Marketingbudget und einer gelungenen Aus- und Bewertung viele Vorteile:

- Der Einsatz der Mitarbeiter und die Messekosten konzentrieren sich auf eine relativ kurze Zeit und können so sehr effektiv wirken.
- Bei guter Vorbereitung ist die Sichtbarkeit des Unternehmens am Markt groß, was auch zu einem Imagegewinn beiträgt.
- Die Anzahl von persönlichen Kontakten ist hoch. Dies zahlt auf der Beziehungsebene im Verhältnis Anbieter/Kunde ein.
- Die Vielfalt der Kontakte ist groß (Bestandskunden, Interessenten, Presse, mögliche Kooperationspartner, Bewerber…).
- Direkte Vergleichsmöglichkeit zum Wettbewerb, da die Hauptwettbewerber mit Sicherheit auf derselben Messe ausstellen.

Neben Messen gibt es natürlich noch eine Vielzahl anderer Events und Veranstaltungen, auf denen sich ein Unternehmen präsentieren kann, wie z. B.:

- Fachveranstaltungen und/oder Kongresse, die Sie entweder als Besucher für die Aufnahme von Informationen und Fachgesprächen nutzen und/oder bei denen sie gegebenenfalls einen – meist kleineren – Informationsstand besetzen.
- Hausmessen
- Roadshows
- Kundenveranstaltungen mit Informations- und Unterhaltungsanteil
- Informationsveranstaltungen inhouse
- VIP-Einladungen/Incentives
- …

6.4.4 Online-Marketing

Unter dem Begriff „Online-Marketing" sind alle Kommunikationsmaßnahmen zusammengefasst, die über das Internet durchgeführt werden. Dieser Teilbereich erfreut sich stetig wachsender Beliebtheit. Die Kosten dafür sind mit einem Anteil von 10 % (Inverto 2015) am gesamten Marketingbudget relativ gering. Somit ist der Bereich Online-Marketing eines der günstigeren Marketingkommunikationsinstrumente. Zu beachten ist allerdings, dass, insbesondere beim Umgang mit Social Media, ein beträchtlicher Zeitaufwand erforderlich ist und der Umgang damit ausgesprochen regelmäßig und konsequent zu handhaben ist.

Teilgebiete sind z. B. der firmeneigene Internetauftritt (Abschn. 6.4.2), klassische Bannerwerbung, Suchmaschinenmarketing (Abschn. 6.4.2), E-Mail-Marketing, Blogs, Social Media Marketing, u. a. m. Alle diese über das Internet ausgeführten Maßnahmen zahlen auf die übergeordneten Marketingziele Imagegewinn, Kundenbindung und Neukundengewinnung ein. Ein weiterer Vorteil liegt darin, direkt mit der Zielgruppe in Kontakt treten zu können und Inhalte (Content) zielgruppenspezifisch transportieren zu können.

Bei der klassischen Bannerwerbung (auch Displaywerbung) z. B. handelt es sich um im Internet geschaltete Werbeanzeigen und Pop-ups, die den Internet-User über Produkte und Dienstleistungen informieren und via Klick meistens auf die Unternehmenswebseite leiten. Inhalte können sowohl Bild- und Tonmaterial als auch Videos sein. Aber Achtung: Insbesondere Pop-ups werden oft als störend und nervend empfunden, da der User zu der Zeit, wenn der Pop-up aufpoppt, an und für sich mit etwas anderem beschäftigt ist. In beiden Fällen können die Zugriffszahlen konkret gemessen werden, was die Erfolgsauswertung dieser Werbemaßnahmen fördert.

Beim E-Mail-Marketing handelt es sich um alle Maßnahmen, bei denen Informationen via Internet an ausgewählte Empfänger versendet werden. Sei es per E-Mail-Mailings oder Newsletter. In jedem Fall ist darauf zu achten, dass die Empfänger personalisiert sind, d. h. persönlich angesprochen werden.

Da der Versand von Werbung per E-Mail in Deutschland rechtlichen Beschränkungen unterliegt, muss die Einwilligung der Empfänger vorab eingeholt werden. Hierzu ist das sogenannte Double-Opt-In-Verfahren anzuwenden. Die Vorteile des E-Mail-Marketings gegenüber herkömmlichen Mailing-Aktionen liegen darin, dass es wesentlich günstiger ist und der Erfolg besser messbar ist (Anzahl Klicks, Durchgriffsraten etc.).

Blogs sind eine gute Möglichkeit, Informationen und Meinungen, versehen mit der persönlichen Note des Bloggers, einem breiteren Publikum zugänglich zu machen. Ein guter Blogger wird auch schnell zu einem sogenannten Influencer (Meinungsbildner) im Marketing und erzielt dadurch große Sichtbarkeit und Wirksamkeit der von ihm vermittelten Botschaft.

Im Bereich Social Media haben wir es mit allen Internetauftritten rund um Facebook, XING, Twitter, Google + etc. zu tun. Wichtig hierbei ist ein regelmäßiges Posten stets aktueller Informationen. Wie in Abschn. 6.4.2 bereits erwähnt, ist darauf zu achten, dass der firmeneigene Internetauftritt hinsichtlich des Inhalts und Informationsgehaltes nicht gegenüber den Firmenauftritten z. B. in Facebook und XING zurücksteht. Vorteile von Social Media sind neben der guten Reichweite z. B. auch die Möglichkeit der direkten Interaktion mit den Besuchern und Lesern. Aber Achtung: Dahinter verbirgt sich auch die Gefahr, negative Kommentare zu übersehen. Deshalb ist eine klare Definition der Zuständigkeit und Verantwortung für die Social-Media-Präsenz innerhalb der Firma unabdingbar.

Zusammengefasst lässt sich sagen, dass der wesentliche Vorteil aller hier beschriebenen und nicht beschriebenen Aktivitäten im Online-Marketing gegenüber den klassischen Werbemaßnahmen in folgenden Punkten liegt:

- Möglichkeit zur schnellen und aktuellen Vermittlung von Inhalt (Content Marketing) an klar definierte Zielgruppen, dadurch Eingrenzung von Streuverlusten (kein Gießkannenprinzip)
- Bessere Messbarkeit der Werbewirkung mittels Webanalyse. Übliche Messgrößen sind hierfür z. B. die Reichweite, Anzahl Interaktionen, Anzahl Webseiten-Klicks, Anzahl Besucher, die Verweildauer eines Besuchers auf einer Seite, die Absprungrate (Bounce Rate), die Anzahl der Seitenabrufe (Page Impressions), Umwandlungsquote (Conversion Rate – gibt an, aus wie vielen Besuchern der Webseite ein Lead wurde). Diese Aufzählung lässt sich noch beliebig fortsetzen und erhebt keinen Anspruch auf Vollständigkeit.

6.5 WOMIT erreicht man WAS?

„Wo wollen wir hin?" war die zentrale Frage, mit der sich Kap. 4 beschäftigt. Mit der Frage „Wie kommen wir dahin?" setzte sich Kap. 5 auseinander. So gibt nun Kap. 7 Aufschluss über „Womit kommen wir dahin?". Angefangen beim konsequenten Definieren und Befolgen von Rahmen und Grundregeln über das Festlegen von Marketingbudget und geeigneten, zielgruppenspezifischen Kommunikationsmaßnahmen zum Erreichen der definierten Marketingziele bis hin zur Beschreibung der wesentlichen Kommunikationsmittel gibt dieses Kapitel eine Übersicht über die wesentlichen Merkmale einer zielorientierten, nachhaltigen Marketingplanung. Egal ob es sich um ein kleines oder mittelgroßes Unternehmen handelt, ob das Unternehmen über ein eher kleines oder großzügiges Marketingbudget verfügt, gilt für alle Fälle eine entscheidende Botschaft: Nachhaltig erfolgreich wird Ihr Marketing nur, wenn es einer geordneten, nachvollziehbaren und strukturierten Planung folgt.

> **Ihr Transfer in die Praxis**
> - Bestimmen Sie Ihr realistisches Marketingbudget für einen bestimmten Zeitraum und definierte Aktivitäten.
> - Bestimmen Sie die für Ihre Marketingziele, auf dem Weg zu Ihrem Soll-Zustand, sinnvollen Marketingkanäle.
> - Wägen Sie Vor- und Nachteile, vor allem hinsichtlich des Budgets, ab.
> - Denken Sie von Zeit zu Zeit darüber nach, mit neuen Partnern und Agenturen zusammen zu arbeiten, auch wenn es zunächst aufwendig ist.

Literatur

INVERTO® AG. 2015. Marketingeffizienz-Studie, Slide 11, September 2015. http://www.inverto.com/publikationen/studie-marketingeffizienz-im-einkauf-2015/. Zugegriffen: 06. Juni 2018.

Weiterführende Literatur

Wikipedia (a). Double-Opt-In. https://de.wikipedia.org/wiki/Opt-in. Zugegriffen: 06. Juni 2018.

Wikipedia (b). Blog. Vgl. https://de.wikipedia.org/wiki/Blog. Zugegriffen: 06. Juni 2018.

7

Marketing-Controlling

> **Was Sie aus diesem Kapitel mitnehmen**
> - Dass Effektivität und Effizienz unterschiedliche Dinge sind.
> - Dass die Frage „Was hat uns das jetzt gebracht?" entscheidend sein kann für den weiteren Erfolg der Marketingstrategie.
> - Wie Sie Ihre Key Performance Indicators(KPI) bestimmen.

Ziele und Strategien sind definiert, der Marketingplan zur Festlegung und Umsetzung der Marketingaktivitäten ist geschrieben. Das war jedoch noch nicht alles, um aus einem effektiven Marketing auch effizientes Marketing zu machen. Marketing steht zunehmend unter Rechtfertigungszwang und es geht um die kontinuierliche Verbesserung von Marketingeffektivität und -effizienz. Genauso wichtig wie die Maßnahmen vorher ist es nämlich, die Ergebnisse regelmäßig zu messen und das Ganze einem Controlling zu unterziehen. Nur so lassen sich befriedigende Antworten auf die Frage „Was hat uns das jetzt gebracht?" finden. Denn es bringt nichts, Geld in Marketingmaßnahmen zu investieren, die letztendlich nicht den gewünschten Erfolg bringen. Deshalb ist es wichtig, die Ergebnisse der umgesetzten Marketingmaßnahmen zu überwachen, indem das Erreichen der Ziele gemessen und überprüft wird. Wenn die Ziele erreicht werden, werden im günstigsten Fall die Auswahl und Umsetzung der Werbemittel, die Auswahl der Instrumente, das Konzept und die Strategie bestätigt. Werden die Ziele hingegen nicht erreicht, heißt es entweder gegenzusteuern oder für den nächsten Marketingplan andere Maßnahmen zu definieren. Ein aktives Marketing-Controlling rundet den Komplex des nachhaltigen Marketings ab.

> Wir können den Wind nicht ändern, aber die Segel anders setzen (Aristoteles 284 v. Chr. – 322 v. Chr.).

7.1 Womit beginnen?

Da Ziele wie bekannt messbar sein sollen (Abschn. 4.1), sollten für die Marketingmaßnahmen dahinter bestimmte Kennzahlen definiert werden. Diese Key-Performance-Indikatoren (KPI) werden zur Erfolgsmessung jedoch noch nicht konsequent und nur in 48 % der Unternehmen genutzt, d. h. erst in 48 % der Unternehmen fordert das Management die Definition von Kennzahlen (vgl. Inverto 2015). Verwendet werden folgende Kennzahlen:

- Finanzwirtschaftliche Kennzahlen (56 %): Return-of-Marketinginvestment, Umsatz, Deckungsbeiträge etc., wobei hierbei die beiden letztgenannten keine direkten Marketingkennzahlen sind.
- Marktorientierte Kennzahlen (56 %): Marktanteil, Markenwert, Markenbekanntheit etc.
- Kundenorientierte Kennzahlen (36 %): Kundenzufriedenheit, Kundenloyalität
(vgl. Inverto 2015)

Aus reiner Marketingsicht fehlen hierbei allerdings tatsächlich mehrere, rein marketingspezifische Kennzahlen, die den Erfolg oder Misserfolg ergriffener Maßnahmen dokumentieren können.

Da sich das vorliegende Buch an kleine und mittlere Unternehmen richtet, sind die Empfehlungen zur Auswahl pragmatisch und leicht nachvollziehbar. Es geht nun nicht darum, so viel wie möglich mathematisch ausgetüftelte Kennzahlen zu definieren, sondern Kennzahlen zu finden, die aussagekräftig sind und aus deren Erreichen oder Nichterreichen eindeutige Reaktionen (Überdenken der Strategie, Neudefinieren der Marketingaktivitäten) abgeleitet werden können.

Denn da für jedes Unternehmen letztlich der vertriebliche Erfolg und damit der Unternehmenserfolg im Vordergrund steht, geht es beim Messen der Marketingeffizienz in erster Linie um das Überprüfen, inwieweit die Maßnahmen darauf eingezahlt haben. Dies umso mehr, da das Marketingbudget ja generell auf den Prüfstand gestellt wird und man als Marketingverantwortlicher jedes Jahr mit Kürzungen rechnen muss. Kann aber belegt werden, dass die Aktivitäten effektiv und effizient und damit für den Unternehmenserfolg zuträglich waren, tut man sich in den Diskussionen um das Budget wesentlich leichter.

> Neben der Effektivität und Effizienz des Marketings ist auch die Flexibilität bzw. Anpassungsfähigkeit an neue Gegebenheiten ein wichtiger Punkt (Abschn. 6.3). Dies können Veränderungen bei Kunden, bei Wettbewerbern oder im Markt sein. Es macht keinen Sinn, auf Teufel komm raus an einmal definierten Maßnahmen festzuhalten, wenn sich herausstellt, dass diese nicht (mehr) treffsicher sind. Dann lohnt es sich, den gewählten Weg zu ändern, aber bedenken Sie die Aktualisierung der Kostenseite im Marketingplan!

7.2 Ausgewählte wichtige Kennzahlen

Im Folgenden werden diverse relevante Kennzahlen aufgeführt, die eine pragmatische Sicht auf die Situation ermöglichen. Es handelt sich hierbei um einen Überblick über mögliche Kennzahlen, faktisch auswertbar sind wesentlich mehr. Individualisieren sie Ihr Kennzahlensystem und hinterfragen Sie sich bei Ihren Auswertungen nach dem, was Sie speziell für Ihr Unternehmen als wissenswert beachten und definieren Sie Ihre unternehmensspezifischen Messwerte.

> Es ist wichtig, dass die Kennzahlen in konkretem Bezug zu den Unternehmenszielen stehen. Und dass sie nicht nur erhoben sondern auch ausgewertet werden. Aus den Auswertungen wiederum sind Konsequenzen für die weitere Umsetzung der Unternehmensziele zu ziehen. Denn es ist sinnlos und vertane Zeit, Daten nur um des Datenerhebens willen zu sammeln.

Anzahl Leads, Qualität der Leads, Marketingkosten pro Lead
Wie in Abschn. 6.4.3 erwähnt, sind dies insbesondere für Messen und Events sehr wichtige Kennzahlen. Aber auch für andere Marketingmaßnahmen sind sie interessant, z. B. bei Anzeigenschaltungen, Internetwerbung etc. Finden Sie heraus, wie viele Leads in welcher Qualität Sie durch die jeweilige Maßnahme generieren konnten, was Sie im Vergleich dieser Maßnahmen untereinander ein Lead gekostet hat und mit welchem Ergebnis. Das Maß hierfür kann z. B. die Antwort auf die Frage sein, wie viele Erstkontakte Sie benötigen, um einen neuen Kunden zu generieren. So können sich erhöhte Aufwendungen für einen Messeauftritt z. B. schnell amortisieren (Return-of-Marketinginvestment), wenn diese dazu beitragen, die in der Zieldefinition anvisierte Anzahl Neukunden zu erreichen. Andererseits stellen Sie vielleicht fest, dass Anzeigenschaltungen im ein oder anderen Medium Ihnen außer dem nicht messbaren Imagegewinn keine oder nicht ausreichend Leads bringen – also überdenken Sie weitere Anzeigenschaltungen für dieses Medium.

Um die Kennzahlen in Bezug auf Leads zu controllen oder zu überprüfen, eignen sich Excel-Listen und/oder Grafiken zur Visualisierung, wenn Sie als Marketingverantwortlicher Rede und Antwort stehen (müssen).

Marktanteil
Diese Kennzahl gibt den in Prozent angegebenen mengenmäßigen (bezogen auf den Absatz) oder wertmäßigen (bezogen auf den Umsatz) Anteil am gesamten Marktvolumen, gemessen zu einem bestimmten Zeitpunkt an. Hierbei bezeichnet der absolute Marktanteil den Anteil des Unternehmens am gesamten Marktvolumen, der relative Marktanteil den Anteil des Unternehmens im Vergleich zum Hauptwettbewerber.

Anzahl der Berichte über das Unternehmen in den Medien
Diese Kennzahl drückt aus, wie effektiv Ihre Öffentlichkeitsarbeit ist. Setzen Sie die Zahl der tatsächlich ausgesendeten Meldungen ins Verhältnis zu publizierten Fach-/Anwenderberichten und Sie können daraus ableiten, ob es Verbesserungsbedarf gibt. Sprechen Sie doch einfach mit Ihren Zielmedien, vielleicht können Sie noch an Ihrer Kommunikation mit den Ansprechpartnern feilen. Vielleicht finden Sie auch raus, dass Ihre Meldungen für die Presse nicht relevant genug sind. In diesem Fall sollten Sie die Strategie und Themenauswahl überdenken.

Kundenzufriedenheit, Kundenloyalität, Anzahl wiederkehrender Käufer, Anzahl Beschwerden
Um gute Erkenntnisse in Bezug auf diese Kennzahl zu erhalten, sind Kunden(zufriedenheits)befragungen durchzuführen. Dies kann schriftlich oder punktuell (gebräuchlich im B2C-Bereich z. B. am Point of Sale (POS)) erfolgen. Da sich diese Befragungen beim Kunden erfahrungsgemäß nicht allzu großer Beliebtheit erfreuen, empfiehlt es sich, dafür ein Belohnungssystem (Incentives) einzusetzen.

Anzahl der Follower
Diese Kennzahl gibt Aufschluss über die Relevanz des Unternehmens in den sozialen Medien (Facebook, Twitter, Instagram…)

Conversion Rate (Umwandlungsrate)
Diese Kennzahl kommt aus dem Online-Marketing (vgl. Abschn. 6.4.2) und gibt das Verhältnis zwischen Besuchern der Webseite und getätigten Transaktionen (z. B. Kauf im Online-Shop) an. Wichtig hierbei ist, jeden Besucher nur einmal zu zählen (Anzahl der „unique user"), da sich das Verhältnis ansonsten verfälschen kann. Die Umwandlungsrate gibt auch Aufschluss darüber, wie viele Leads erforderlich sind, um einen neuen Kunden zu generieren oder anders ausgedrückt wie viele durch das Marketing generierte Leads auch tatsächlich zum Abschluss kommen.

Response Rate
Dies ist die Antwortrate bei Direktmarketing-Aktionen wie z. B. Print-Mailings oder E-Mail-Mailings. Bei reinen Print-Mailings liegt sie erfahrungsgemäß bei maximal 2 %–3 % und misst sich in konkreten Anfragen an das Unternehmen. Bei E-Mail-Mailings oder anderen Online-Aktivitäten (z. B. Newslettern) liegt sie höher und wird mit Tracking-Tools gemessen. Diese messen die Zustellrate, die Öffnungsrate und Klickthroughrate, die widerspiegelt, wie viele User nach Öffnen auch auf einen Link in der Mail/im Newsletter geklickt haben und dadurch weitergeleitet wurden.

Wie eingangs erwähnt, erheben die hier genannten Kennzahlen keinen Anspruch auf Vollständigkeit. Haben Sie Mut und finden Sie die für Ihr Unternehmen wichtigen und richtigen heraus. Dies zum Wohle Ihres Marketings. Denn Marketing ist immer ein erheblicher Kostenfaktor und insbesondere kleine Unternehmen verfügen oft über ein nur geringes Budget. Deshalb können insbesondere diese es sich nicht leisten, Geld durch sinnlose, der Strategie und den Zielen nicht dienliche Maßnahmen zu verschwenden.

7.3 Am Ende sollte die Rechnung aufgehen

> …Gute Informationen sind schwer zu bekommen. Noch schwerer ist es, mit ihnen etwas anzufangen Arthur Conan Doyle (1859–1930).

Da man als Marketer ständig unter Erfolgsdruck steht, ist es umso besser, wenn man mit stichhaltigen Auswertungen die Effektivität und Effizienz seines Tuns insbesondere gegenüber dem Vertrieb und der Unternehmensleitung nachweisen kann. Denn leider kommt es hier oft zu Unstimmigkeiten. Ist der Sales-Trichter nicht mit einer ausreichenden Anzahl guter Leads gefüllt, hat zuallererst immer das Marketing versagt. Stimmen jedoch Umsatz und Erlöse, ist dies meist das Verdienst des Vertriebs, so die landläufige Meinung. Mit klaren, nachvollziehbaren Auswertungen und daraus abgeleiteten Konsequenzen lässt sich dies entkräften.

Es sei jedoch davor gewarnt, es zu übertreiben. Es wäre nicht sinnvoll, mehr Zeit in das Definieren von Kennzahlen und deren Auswertung zu stecken, als in das strategische und operative Marketing an sich. Da insbesondere in kleinen und mittleren Unternehmen nicht nur die monetären Ressourcen sondern auch die personellen und zeitlichen begrenzt sind, hilft es, sich auf weniger, aber tatsächlich relevante, aussagekräftige und sinnvolle Kennzahlen zu konzentrieren.

Eine sehr einfache aber durchaus effektive Art der Erfolgskontrolle besteht darin, Interessenten und Kunden zu fragen, wie sie letztendlich auf Ihr Unternehmen aufmerksam wurden. Die Ergebnisse hieraus zeigen klar, welche Marketingaktivitäten am besten angenommen wurden und zum Erfolg beigetragen haben. Und letztendlich gilt auch im Bereich des Marketing-Controllings wie überhaupt allgemein im gesamten komplexen Themenfeld: Pragmatismus und gesunder Menschenverstand waren schon immer die besten Ratgeber.

> **Ihr Transfer in die Praxis**
> - Fragen Sie sich bei jeder Maßnahme in Ihrem Marketing-Mix: Was hat das jetzt gebracht?
> - Bestimmen Sie Ihre Key Performance Indikatoren und beschränken Sie sich eher auf weniger, aber tatsächlich relevante, aussagekräftige und sinnvolle Kennzahlen.
> - Gehen Sie in den Markt und befragen Sie Ihre Zielgruppe.
> - Holen Sie sich ein Feedback Ihrer Kunden, wie diese auf Ihr Unternehmen gestoßen sind.

Literatur

INVERTO® AG. 2015. Marketingeffizienz-Studie, Slide 11, September 2015. http://www.inverto.com/publikationen/studie-marketingeffizienz-im-einkauf-2015/. Zugegriffen: 06. Juni 2018.

Weiterführende Literatur

Wikipedia. Marktanteil. Vgl. https://de.wikipedia.org/wiki/Marktanteil. Zugegriffen: 06. Juni 2018.

The manufacturer's authorised representative in the EU is Springer Nature Customer Service Centre GmbH, Europaplatz 3, 69115 Heidelberg, Germany. If you have any concerns regarding our products, please contact ProductSafety@springernature.com

Printed and bound by CPI Group (UK) Ltd, Croydon, CR0 4YY
23/03/2026
02076461-0003